學境

（三版）

蔡鸿生 著

图书在版编目（CIP）数据

学境／蔡鸿生著．—3 版．—北京：生活 · 读书 · 新知三联书店，2022.9
ISBN 978－7－108－07441－6

Ⅰ．①学…　Ⅱ．①蔡…　Ⅲ．①治学方法
Ⅳ．① G795

中国版本图书馆 CIP 数据核字（2022）第 086366 号

封面题签　季羡林
责任编辑　张　龙
装帧设计　刘　洋
责任印制　张雅丽
出版发行　生活 · 讀書 · 新知　三联书店
（北京市东城区美术馆东街 22 号　100010）
网　　址　www.sdxjpc.com
经　　销　新华书店
印　　刷　河北鹏润印刷有限公司
版　　次　2022 年 9 月北京第 1 版
2022 年 9 月北京第 1 次印刷
开　　本　880 毫米 × 1230 毫米　1/32　印张 8.5
字　　数　150 千字
印　　数　0,001－3,000 册
定　　价　59.00 元
（印装查询：01064002715；邮购查询：01084010542）

作者像（2020年10月17日，秦颖摄）

作者简介

蔡鸿生（1933—2021），1933年4月出生于广东省汕头市。1953年考入中山大学历史学专业，1957年毕业留校任教。1985年晋教授，兼宗教文化研究所所长，并主编《历史大观园》月刊。2006年退休。2011年获“广东省首届优秀社会科学家”称号。长期从事中外关系史的教学和研究，重点探讨下列课题：唐代粟特、突厥文化，俄罗斯馆与中俄关系，岭南佛门僧尼史事，广州与海洋文明，历史研究的学理和方法。

主要著述有：《广州海事录》（商务印书馆，2018年）、《蔡鸿生自选集》（中山大学出版社，2015年）、《蔡鸿生史学文编》（广东人民出版社，2014年）、《读史求识录》（广东人民出版社，2010年）、《学境》（中山大学出版社，2007年）、《中外交流史事考述》（大象出版社，2007年）、《俄罗斯馆纪事》（增订本）（中华书局，2006年）、《仰望陈寅恪》（中华书局，2004年）、《唐代九姓胡与突厥文化》（中华书局，1998年）、《清初岭南佛门事略》（广东高等教育出版社，1997年）、《尼姑谭》（中山大学出版社，1996年）。

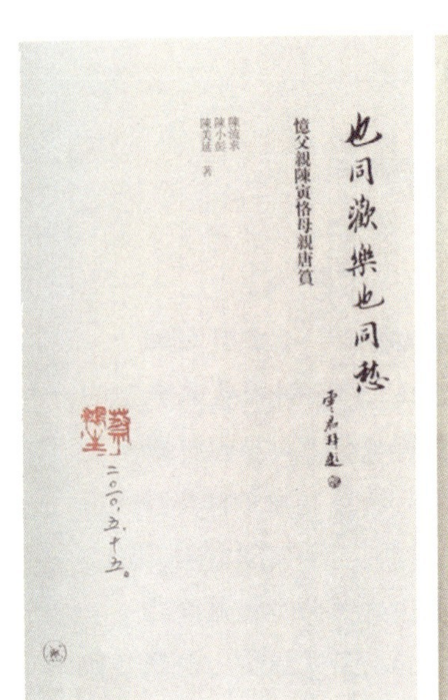

陈家三姊妹之续写晚年双亲回忆录，书名不妨借用苏东坡词《定风波》的名句："也无风雨也无晴"，那就与本书《也同欢乐也同愁》珠联璧合了。

蔡鸿生 心启

生活·读书·新知三联书店
陳寅恪集
柳如是别傳（上）

獨立之精神
自由之思想

中山大學
地址：广州市新港西路135号

读《柳如是别传》

金明馆里文盲叟，
独倚藤杖立南天。
脱俗求真高士笔，
红袖长颂扶风霜。

丁酉仲夏

蔡鸿生教授部分读书笔记

目　录

序 引

——写在学境边上

学问是一个望不到边际的认识领域，有起点而无终点。即使是大师巨子，也不敢宣称自己什么时候到顶了。人们耳熟能详的“学海无涯”“学无止境”一类话，作为古代学者的悟道之言，在信息时代似乎还保持着它的棒喝作用。但愿莘莘学子不会掉以轻心。

予生也晚，但与学问结缘却也颇久了。可惜悟性不高，一直未能深入学境的腹地，至今仍然是一个碌碌的“边民”，无任何“前沿”意识可言。像南宋诗人陆放翁那样的敏感：“树罅忽明知月上，竹梢微动觉风生”，我是自愧不如的。倒是清代画家郑板桥的对子：“多读古书开眼界，少管闲事养精神”，反而正中下怀。因此，长期安于在“自留地”上笔耕，不计较丰收还是歉收。辑入这本书里的零篇和随谈，只是写在学境边上的点滴体会，离真知灼见还很远，很远。

学术境界，说到底是一个精神境界的问题。“丹青难写是精神”，艺术如此，学术也是如此。早在20世纪初，梁启超就在《新史学》中批评过中国传统史学的毛病，说它有事实而无精神。德国古典哲学家康德也揭露过种种有貌无神的文化现象。他在《判断力批判》中，对此作过一番秋风扫落叶式的演绎：

> 一首诗可以很可喜和优雅，但没有精神。一个故事很精确和整齐，但没有精神。一个庄严的演说是深刻又修饰，但没有精神。有一些谈笑并不缺乏趣味，但没有精神。甚至于我们可以说某一女人是俊俏，健谈，规矩，但没有精神。这是为什么？

康德把“精神”看成心灵的跃动、主观的情调和概念的伴奏，缺了这个，对象就没有生命了。

世间万物，往往貌可知而神不可测。所谓学术的精神，尤其容易似是而非，难怪清代学者章学诚要花大力气去“辨似”了。他说：

> 学术文章，有神妙之境焉。末学肤受泥迹以求之。其真知者，以谓中有神妙，可以意会而不可以言传者也；不学无识者，窒于心而无所入，穷于辨而无所出，亦曰可意会而不可言传也。故君子恶夫

似之而非者也。

确实如此，“颦”之为态，西施有之，东施也有之，惟识者才免于混为一谈。所谓“可意会而不可言传”，模糊性中有确定性，其实就是一种“心法”。本书将精神生产的历史经验置于篇首，旨在从前人的嘉言中感受难能可贵的心迹，借以提高学术自觉和识别能力。如果因此而招来“冬烘”之讥，那也不要紧，当低首谦退：“已知无法说，心向定中灰。”（张祜《赠禅师》）

甲　编

学者方程

——精神生产的历史经验

辑录者言

我是一名历史学徒，尚未成为历史学家；但已略知这种以回顾为特点的专业，离不开与历史的幽灵打交道。一旦致力于研究，就会觉察到，自己身边时刻都伴随着千百个逝者。我们不仅享有前人留下的思想资源，而且，有意无意之间也在运用着精神生产的历史经验。

精神生产是一项智慧工程。一般来说，心灵的外化通过三个层次，即古人所说的："慧心"——"灵舌"——"妙手"。从心上到纸上的整个过程，表现为逐层减弱的趋势，即想比说好，说比写好。无言之言和拈花微笑之所以可贵，秘密也许就在这里。因此，文字表述必须狠下功夫，才有希望把思维所得的新意挤逼出来。那种下笔千言的即兴表演，从知性的本质来说，其实是走火入魔的。韩愈的话不失为千古名言："当其取于心而注于手也，惟陈言之务去，戛戛乎其难哉！"(《答李翊书》)

"静者心多妙"（杜甫）。浮躁是对心灵的践踏和背叛，更不要说浮夸了。还是做个有心人吧，做个素心人吧。花拳绣腿无论怎样耀眼，都不如真刀真枪实在。欲问学往何处求？往实处，往深处，往活处。任何短、平、快的登龙术，都与精神生产的历史经验不相干。

下面辑录的话，并非清词丽句，而是一组苦涩的劝学良言。这数十条语录，本来是用以自我鞭策，荡涤个人的矜气和昏气的。现在拿出来共享，倘能对培育“读书种子”有微末之助，也算是“古为今用”了。

辛巳仲夏，蔡鸿生附言

一　名与实

名者，本实之宾也。若实行潜光，则高而不名；寡德适时，则名而不高。

（慧皎《高僧传》卷十四）

名之与实，犹形之与影也。德艺周厚则名必善焉，容色姝丽则影必美焉。今不修身而求令名于世者，犹貌甚恶而责妍影于镜也。上士忘名，中士立名，下士窃名。忘名者体道合德，享鬼神之福祐，非所以求名也；立名者修身慎行，惧荣观之不显，非所以让名也；窃名者厚貌深奸，干浮华之虚称，非所以得名也。

（颜之推《颜氏家训》）

盖人心不同如其面，故务实者，不能尽人而称善焉。好名之人，则务揣人情之所向，不必出于中之所谓诚然也。且好名者，必趋一时之风尚也。风尚循环，如春兰秋菊之互相变易，而不相袭也。人生其间，才质所优，不必适与之合也。好名者，则必屈曲以徇之，故于心术多不可问也。

（章学诚《计名》）

每念人生不过阅历数十寒暑，其中无论菀枯迟疾，终必同归于尽。而所以耿耿不可磨灭者，精神而已。薄俗好名，争为无本之学，如彼草木荣华，纷纭莫定。然一旦落其实而取其材，必其精神所独结者也。

（章学诚《候国子司业朱春浦先生书》）

用功深者，其收名也远；若皆与世沉浮，不自树立，虽不为当时所怪，亦必无后世之传也。

（韩愈《答刘正夫书》）

或曰：今日上之人日言奖励学术，下之人日言研究学术，子曷言其不悦学也？曰：上之奖励者，以其名也，否则，以其可致用也，其为学术自己故而尊之者几何？下之研究之者，亦以其名也，否则，以其可得利禄也，否则，以其可致用也，其为学术自己故而研究之者，吾知其不及千分之一也。

（王国维《教育小言》）

虽然大器晚年成，卓荦全凭弱冠争。多识前言畜其德，莫抛心力贸才名。

（龚自珍《己亥杂诗》）

凡事物之能垂久远者，必不徒尚华美之光，而要有切实之体。今人作事动求好看，苟能好看，则人无不爱，而作者亦颇自喜，转转相因，其病遂至不可药。

（沈宗骞《芥舟学画编》）

问：“如何是学人深深处？”师（石门慈山）云：“乌龟水底深藏六。”

（赜藏主《古尊宿语录》）

名人的话并不都是名言；许多名言，倒出自田夫野老之口。

（鲁迅《名人和名言》）

人文科学的各个对象彼此系连，交互映发，不但跨越国界，衔接时代，而且贯串着不同的学科。由于人类生命和智力的严峻局限，我们为方便起见，只能把研究领域圈得愈来愈窄，把专门学科分得愈来愈细。此外没有办法。所以，成为某一门学问的专家，虽然主观上是得意的事，而在客观上是不得已的事。

（钱锺书《诗可以怨》）

与今人争名，命之曰躁，人其嫉之。与古人争名，命之曰妄，天其忌之。戒之哉！

（钱大昕《名箴》）

二　脱俗

外物不移方是学，俗人犹爱未为诗。

（陆游《朝饥示子聿》）

惟好学则不妄，惟深思则不俗，去妄去俗，可以言道。

（钱大昕《赠邵野南序》）

士之读书治学，盖将以脱心志于俗谛之桎梏，真理因得以发扬。

（陈寅恪《清华大学王观堂先生纪念碑铭》）

吾国学人总好追逐风气，一时之所尚则群起而趋其途，如海上逐臭之夫，莫名所以。曾无一刹那，风气或变，而逐臭者复如故。此等逐臭之习，有两大病：一、各人无牢固与永久不改之业，遇事无从深入，徒养成浮动性。二、大家共趋于世所矜尚之一途，则其余千途万辙一切废弃，无人过问。此二大病都是中国学人死症。

（熊十力《戒诸生》）

学术研究，最忌阑入感情，在昔家派之争，即由于感情用事，我国学术不振，实以此为阻碍之要因。

（岑仲勉《贾岛诗注与贾岛年谱》）

大抵学问是荒江野老屋中二三素心人商量培养之事，朝市之显学必成俗学。

（钱锺书《致郑朝宗函》）

有陋儒之学，有通儒之学。何谓陋儒之学？守一先生之言，不能变通，其下焉者，则惟习词章、攻八比之是务，此陋儒之学也。何谓通儒之学？笃信好古，实事求是，汇通前圣微言大义，而涉其藩篱，此通儒之学也。

（阮元《传经图记》）

学问乃千秋事，订讹规过，非以訾毁前人，实以嘉惠后学。但议论须平允，词气须谦和，一事之失，无妨全体之善，不可效宋儒所云一有差失则余无足观耳。

（钱大昕《答王西庄书》）

三　“独”的境界

大抵古今作者，卓然自命，必以其才智与古人相衡，不肯稍为依傍，寄人篱下，以窃其余唾。窃之而似，则优孟衣冠；窃之而不似，则画虎不成矣。

（叶燮《原诗》）

古今之成大事业、大学问者，必经过三种之境界：“昨夜西风凋碧树。独上高楼，望尽天涯路。”此第一境也。“衣带渐宽终不悔，为伊消得人憔悴。”此第二境也。“众里寻他千百度，回头蓦见，那人正在，灯火阑珊处。”此第三境也。

（王国维《人间词话》）

夫学至于千百年后，世变风移，一时趋向所不在是，而声施卓然，不可磨灭，则精神周而当日所谓发于意之诚然者，有至理也。精神周而发于意之诚然，必因性之所近而充其量之所极，举世誉之而不为劝，举世非之而不为阻。审己定分，一意孤行，以毕生之全力，曲折赴之，而后足以及此也。

（章学诚《与钱献之书》）

学术之所争，只有是非真伪之别耳。于是非真伪之别外，而以国家人种宗教之见杂之，则以学术为一手段，而非以为一目的也。未有不视学术为一目的而能发达者，学术之发达，存于其独立而已。

（王国维《论近年之学术界》）

所谓"学者的人格"者，为学问而学问，断不以学问供学问以外之手段；故其性耿介，其志专一。虽若不周于世用，然每一时代文化之进展，必赖有此等人。

（梁启超《清代学术概论》）

说经不能自出其性灵，而守执一之说以自蔽。如人不能自立，投入富贵有势力之家，以为之奴。乃扬扬得意，假主之气以凌人。受其凌者，或又附之，则奴之奴也。既为奴之奴，则主人之堂阶户牖，且未曾窥见，猥曰：吾述而不作也，吾好古敏求也。此类依附草木，最为可憎。

（焦循《里堂家训》）

咬定青山不放松，立根原在破岩中。千磨万击还坚劲，任尔东西南北风。

（郑板桥《竹石》）

古人未立法之先，不知古人法何法？古人既立法之后，便不容今人出古法！千百年来，遂使今之人不能出一头地也。师古人之迹，而不师古人之心，宜其不能出一头地也，冤哉！

（石涛《大涤子题画诗跋》）

古来贤俊，立言垂后，何必身居廨宇，迹参僚属，而后成其事乎？是以深识之士知其若斯，退居清静，杜门不出，成其一家，独断而已。

（刘知幾《史通·辨职》

四　少而精

欲成一专门学者，似尚须缩短战线，专精一二类或一二朝代，方足动国际而垂久远。不然，虽日书万言，可以得名，可以啖饭，终成为讲义的教科书的，三五年间即归消灭，无当于名山之业也。

（陈垣《致蔡尚思函》）

敛繁就简之术，非皆下笔自成，实由锤炼而致。如作记事之文，初稿但求尽赅事实，而后视全篇有无可删之章，每章有无可节之句，每句有无可省之字。必使篇无闲章，章无赘句，句无冗字，乃极简练之能事。

（刘师培《汉魏六朝专家文研究》）

眼里只有长篇大论，瞧不起片言只语，甚至陶醉于数量，重视废话一吨，轻视微言一克，那是浅薄庸俗的看法——假使不是懒惰粗浮的借口。

（钱锺书《读〈拉奥孔〉》）

远公说法无多语，六祖传真只一灯。

（郁达夫《访高僧弘一日光岩下》）

名手写字，多则必有败笔；名人作诗，烦则必有累句。极名厨之心力，一日之中，所作好菜不过四五味耳，尚难拿准，况拉杂横陈乎！

（袁枚《随园食单》）

五　多思

大抵观书先须熟读，使其言皆若出于吾之口；继以精思，使其意皆若出于吾之心；然后可以有得尔。

（朱熹《读书之要》）

所读书太多，如人大病在床，而众医杂进，百药交下，决无见效之理。不若尽力一书，令其反复通透，而复易一书之为愈。盖不惟专力易见功夫，且是心定不杂，于涵养之功亦有助也。

（朱熹《答吕子约》）

学文之事，可授受者，规矩方圆；其不可授受者，心营意造。

（章学诚《文理》）

世固有成诵古人之诗数万首，涉略经史集亦不下数十万言，逮落笔则有俚俗庸腐，窒板拘牵，隘小肤冗种种诸习。此非不足于材，有其材而无匠心，不能用而枉之之故也。

（叶燮《原诗》）

人之病只知他人之说可疑，而不知己说之可疑。试以诘难他人者以自诘难，庶几自见得失。

（《朱子语类》卷十一）

论文之难，在最好因人所已见，告其所未知。若人人皆知，则无须再说，若人人不知，则又太偏僻太专门，人看之无味也。前者之失在显，后者之失在隐，必须隐而显或显而隐乃成佳作。又凡论文必须有新发见，或新解释，方于人有用。第一搜集材料，第二考证及整理材料，第三则联缀成文。第一步工夫，须有长时间，第二步亦须有十分三时间，第三步则十分二时间可矣。草草成文，无佳文之可言也。

（陈垣《家书》）

诗要避俗，更要避熟。剥去数层方下笔，庶不堕“熟”字界里。

（刘熙载《艺概》卷二）

平日工夫，须是做到极时，四边皆黑，无路可入，方是有长进处，大疑则可大进。若自觉有些长进，便道我已到了，是未足以为大进也。

（《朱子语类》卷一一五）

所谓真了解者，必神游冥想，与立说之古人，处于同一境界，而对于其持论所以不得不如是之苦心孤诣，表一种之同情，始能批评其学说之是非得失，而无隔阂肤廓之论。

（陈寅恪《冯友兰中国哲学史上册审查报告》）

六　掺而化之

天下之理，至虚之中有至实者存，至无之中有至有者存。

（《朱子语类》卷十三）

学问须严密理会，铢分毫析。……愈细密，愈广大；愈谨确，愈高明。开阔中又着细密，宽缓中又着谨严。

（《朱子文集》卷八）

冷句中有热字，热句中有冷字；情句中有景字，景句中有情字。

（刘熙载《艺概》卷二）

史剧创作要以艺术为主、科学为辅；史学研究要以科学为主、艺术为辅。

（郭沫若《武则天·序》）

武戏文唱，文戏武唱。

（梅兰芳《舞台生活四十年》）

违而不犯，和而不同；留不常迟，遣不恒疾；带燥方润，将浓遂枯；泯规矩于方圆，遁钩绳之曲直；乍显乍晦，若行若藏；穷变态于毫端，合情调于纸上；无间身手，忘怀楷则；自可背羲献而无失，违钟张而尚工。

（孙过庭《书谱》）

七　学力补天分

大抵为学，虽有聪明之资，必须做迟钝工夫，始得。既是迟钝之资，却做聪明底样，工夫如何得。

（《朱子语类》卷八）

古人一艺之成，必竭苦功，如修炼后得成仙佛，非徒赖生知，学力居其大多数，未可视为游戏之事忽之也。庸史之画有二种：一江湖，一市井。此等恶陋笔墨，不可令其入眼：因江湖画近欺人诈赫之技而已，市井之画求媚人涂泽之工而已。

（黄宾虹《与朱砚英书》）

中年以后，天分便不可恃，苟无学力，日见其衰退而已。江淹才尽，岂真梦中人索还囊锦耶！

（况周颐《蕙风词话》卷一）

中年杂乱人事，势不能如童子塾之用功，惟劄记之功，逐日不可间断，看书有触即笔之于书，而所笔必当参以所见，自作一番小议论，既以炼笔，且以炼其聪明。

（章学诚《与朱少白书》）

要有恒心及坚忍心。二十年来余立意每年至少为文一篇（专题），若能著比较有分量之书，则一书作两年或三年成绩，二十年未尝间断也。一生身体未尝大病，亦未尝经什么难处之境，以视吾先人及其他亲友，自问可谓幸运之极矣。于此而不稍用一点功，何以对天之生我也！

（陈垣《家书》）

八　治学之路通向世界

今世治学以世界为范围，重在知彼，绝非闭户造车之比。

（陈寅恪《吾国学术之现状及清华之职责》）

比较研究方法，必须具有历史演变及系统异同之观念。否则古今中外，人天龙鬼，无一不可取以相与比较。荷马可比屈原，孔子可比歌德，穿凿附会，怪诞百出，莫可追诘，更无所谓研究之可言矣。

（陈寅恪《与刘叔雅论国文试题书》）

凡所考论，颇采“二西”之书，以供三隅之反。

（钱锺书《谈艺录·序》）

异日发明光大我国之学术者，必在兼通世界学术之人，而不在一孔之陋儒，固可决也。

（王国维《奏定经学科大学文学科大学章程书后》）

天下更有大江大河，不可守个土窟子，谓水专在是。

（《朱子语类》卷八）

没有拿来的，人不能自成为新人，没有拿来的，文艺不能自成为新文艺。

（鲁迅《拿来主义》）

东方的智慧、明哲、超脱，要是能与西方的活力、热情、大无畏的精神融合起来，人类可能看到另一种新文化出现。西方人那种孜孜矻矻，白首穷经，只知为学，不问成败的精神还是存在（现在和克利斯朵夫的时代一样存在），值得我们学习。

（《傅雷家书》）

乙　编

师门教泽

一　康乐园“二老”

20世纪的隋唐史研究领域，有一对蜚声学界的巨擘，即陈寅恪和岑仲勉。他们年龄相近，旗鼓相当，但同行不同派，唱对台戏是司空见惯的。这完全无损于陈、岑二氏的令名，反而表现出独立自由、各抒己见的大师风度。自陈氏1949年初“栖身岭表”之后，这两位抗战期间史语所的老同事，又白首重逢了。1952年院系调整，中山大学从广州石牌迁到珠江南岸的康乐村，与岭南大学合而为一，校园沿用旧名，仍称康乐园。同时执教于历史系的陈、岑二人，辈分高，成就大，被师生们尊称为“二老”。系主任刘节屡次在欢迎新生的例会上介绍：“我们系里拥有中古史的两位大师：陈寅恪先生和岑仲勉先生，他们都是著作等身，满门桃李。二老同系任教，是全体师生的光荣。”

康乐园“二老”的往事，浓缩着学界耆宿的情操和悲欢，犹如陈年老酒，耐人寻味，不可不记。

（一）初缔南北缘

如果说陈寅恪是“无端来作岭南人”的话，岑仲勉则是一个土生土长的岭南人。他于1886年出生于广东顺德桂州乡，名汝懋，以字行。先辈经营粮米生意，有儒商之风，但并非书香世家。童年正值清末，受私塾教育，1908年，进两广游学预备科深造。至1912年，才转读北京高等专门税务学校，正式接受近代科学知识的训练。后来长期在财政、税务、邮政部门供职，30年代初投身教育界，才从职员变成教员。对自己的学术生涯，岑氏往往戏称为“半路出家”。这个谦词其实可以用作赞语，因为，他一“出家”就成家，以至很快就被陈寅恪看作“南学”的代表了。

1931年，岑仲勉在广州圣心中学任教，致力于中西交通的专门之学。1932年出版的《圣心》第一期中，他的文章别开生面，如《唐代阇婆与爪哇》《苫国》《Zaitûn非“刺桐”》等，长短不一，均能超越旧说，有所创新。次年出版的《圣心》第二期，又发表了岑氏的长文《〈水经注〉卷一笺校》和《南海昆仑与昆仑山之最初译名及其附近诸国》等，都是他当年治学的力作。[1] 岑氏于1933年初将《圣心》寄赠旅居北京的陈垣，深受这位身任辅仁大学校长兼燕京大学国学研究所所长的同乡前辈赏识，并

1　这些文章，已辑入岑仲勉《中外史地考证》（上下册），中华书局，1962年。

由他转送陈寅恪评阅。据1934年1月22日岑氏致陈垣信说：

> 奉十二月二十日惠书，夹陈君寅恪手缄，奖誉备至，惭汗交并。适校期将届结束，未及即复。南中学务，向无起色。私立者限于经费，不能严格以求，更有得过且过之感。旧京为昔游地，每怀曩迹，再切观光，惜一时尚未能成行耳。《圣心》业即续寄十部，想早登记室。陈君缄附缴，便析代达感意也。[1]

这份“陈君寅恪手缄”，是这样写的：

> 援庵先生道鉴：
>
> 久未承教，渴念无已。岑君文读讫，极佩（便中企代致景佩之意）。此君想是粤人，中国将来恐只有南学，江淮已无足言，更不论黄河流域矣。寅近作短文数篇，俟写清后呈正。所论至浅陋，不足言著述也。匆此奉复，敬叩著安。寅恪再拜。十二月十七夕。[2]

值得纪念的1933年，经陈垣牵引，以《圣心》为缘，陈、

1 陈智超编注《陈垣来往书信集》，上海古籍出版社，1990年，第568页。

2 《陈垣来往书信集》，第377页。

岑之间的神交默默地开始了。他们往后在学术上互相辉映，是以此为契机的。

（二）史语所岁月

岑仲勉30年代初期在实学方面取得的创获，虽然谈不上什么轰动效应，却也受到历史语言研究所所长傅斯年的青睐。傅氏于1934年2月17日致陈垣函中已经流露罗致之意："岑君僻处海南，而如此好学精进，先生何不招来北平耶？"次年1月9日，又再次函告陈垣："岑仲勉先生想无法安居此百二秦关（岑氏当时供职于陕西禁烟督察处潼关事务所），弟时时思欲为之效劳，终想不出办法来，未知先生近接其来信否了？"[1]至1937年5月18日，岑氏函告陈垣，决定应聘入所："昨孟真先生赴陕电约在站晤谈，备悉台从会竣返平，至慰。聘书闻下月乃可发，研究计划须与主任（历史组主任陈寅恪）商定。寅恪先生常见否？便见时恳略代一探（如何方式），俟接约后再通问也。"[2]同年7月，岑氏到南京史语所就职，从此便正式"出家"，成为一名职业史学家了。

1937年7月，正值抗战军兴，岑氏入所之日，也是

1 《陈垣来往书信集》，第558、559页。

2 《陈垣来往书信集》，第591页。

播迁之时。年底搬往长沙，次年再迁云南。据他个人回忆：“一九三八年入滇，维时研究所图书在途，供读者只随身零本，八九月间在昆明青云街靛花巷初与陈寅恪兄会面，渠询余近况，余以拟辑唐人行第录对。”[1]靛花巷有史语所租用的楼房，被陈寅恪称为“青园学舍”。陈氏在这里抱病撰写《隋唐制度渊源略论稿》。他们两人从“神交”到“会面”，已经过了5个年头，此时陈寅恪48岁，岑仲勉53岁。

自1937年至1948年，岑仲勉一直在史语所任研究员，陈寅恪则执教于西南联合大学。他们名为同事，其实依然是神交而已。史语所的11年，是岑氏学术丰收的辉煌岁月。他的名著《贞石证史》《读全唐诗札记》《读全唐文札记》和《元和姓纂四校记》，以及对《白氏长庆集》的系列研究，都是这个时期完成问世的。其著述之勤，成果之多，在当年的史语所里，名列榜首。史语所《集刊》有时几乎成了岑氏专刊。如第9本（1947年出版），发表文章12篇，岑氏竟占9篇；第12本（1948年出版），发表文章26篇，岑氏仍占13篇。如此多产，其勤奋不能不令人惊叹。

岑氏关于唐代文献的考释和辩证，深受陈寅恪的重视。《元白诗笺证稿》用作引据参考的，计有四处：①《新

1　岑仲勉《唐人行第录》，中华书局，1962年，第3页。

乐府·七德舞》引《唐集质疑》; ②《新乐府·昆明春》引《论白氏长庆集源流并评东洋本白集》; ③《新乐府·牡丹芳》引《跋唐摭言》; ④《白乐天之先祖及后嗣》引《白集醉吟先生墓志铭存疑》。如此等等，足可以今证昔，说明陈氏当年对岑氏遥致“景佩之意”，确实别有会心，并不是什么客套话。

（三）执教康乐园

经历过抗战的离乱和辛酸，陈岑“二老”各自迈入生命的秋天，已经一盲一聋了。尽管残疾在身，依然智力非凡，讲学著书，传灯南国。50年代的康乐园，由于“二老”同时在历史系执教，可说是为莘莘学子开辟了一座唐研究的学园。1955年至1956年的隋唐史“专门化”课程，分别由“二老”主讲：陈寅恪讲“元白诗证史”，岑仲勉讲“隋唐史”，每周两节，一年修完。前一门课在金明馆的过道听，后一门课在马岗顶的教室听，他们都是用自己的著作充教材，异曲同工，令人耳目一新。

陈氏的名著《元白诗笺证稿》，是一部忧患之书，草创于烽火连天的40年代，直至1950年才在广州问世。初版是铅印线装本，定价5元。对每月伙食标准12元5角的大学生来说，确实难以购置。幸好1955年上海文学古籍刊行社重印此书，寅恪先生即分赠选修诸生，人手一册，作为教材。在他的学术构思中，《隋唐制度渊源略论稿》是法制史，《唐代政治史述论稿》是政治史，《元白诗笺证稿》则是社会史，“三稿”组成唐史研究的完整系列。至于书名命意，陈氏曾经夫子自道：“我作的三本书都叫稿，就是准备以后还要改。”真是说到做到，他讲白居易《新乐府·陵园妾》中“三岁一来均苦乐”，涉及唐代京官迁转之制，叫学生在书上增补两句，进一步充实史源：“可参白氏长庆集［新授左拾遗］谢官状。奏陈情状及［新授京兆府户曹参军］谢官状。”到 1978 年上海古籍出版社新版印行时，“附校补记”已长达万余言了。寅恪先生讲课，坐在藤椅上，拄着那枝从云南蒙自带来的黄藤手杖，诚如他的自咏：“独倚一枝藤，茫茫任苍昊。”引据繁富，论证精详，自不待言。有时，也用自己的经历来印证史事。例如，在讲《时世妆》即“摩登之妆束”时，他追忆起 1913 年在巴黎观剧，忽见观众中有位女郎备受关注，原来她的秀发染绿，成了人丛中独具一格的“花魁”。讲《立部伎》述百戏“跳七丸”之句，曾说起 1944 年在成都观出土唐砖上的跳丸刻像，友人初数仅有六丸，他举白氏诗句，再数果得七丸。无论讲课还是著书，他都给人留下思细如发、达于无间的深刻印象。

院系调整之后，寅恪先生没有指导过历史系学生写毕业论文。但在岭南大学任文、史两系教授期间，则担任过论文导师。1950 年 6 月 15 日，他为中文系学生的学位论文《李义山无题诗试释》写过一段 300 多字的评语（原件存中山大学陈寅恪纪念室），全文如下：

> 李商隐“无题诗”自来号称难解，冯浩、张尔田二氏用力至勤，其所诠释仍不免有谬误或附会之处。近有某氏专以恋爱诗释之，尤为武断。此论文区分义山“无题诗”为三类，就其可解者解之为第一、第二类。其不易解者则姑存疑，列于第三类，守不知为不知之古训，甚合治学谨慎之旨。其根据史实驳正某氏之妄说，诚为定论。又于冯、张二氏之说，亦有所匡补。近年李赞皇家诸墓石出土，冯、张二氏大中二年义山巴蜀游踪之假设，不能成立，“万里风波”一诗始得确诂。此关于材料方面今人胜于前人也。唐代党争，昔人皆无满意之解释，今日治史者以社会阶级背景为说，颇具新意，而义山出入李、刘（牛），卒遭困厄之故，亦得通解。此关于史学方面今人又较胜于古人者也。作者倘据此二点立论，更加推证，其成绩当益进于此。又第二类中仍有未能确定者，此则材料所限，无可如何，惟有俟诸他日之发见耳。

真是大手笔，评语包含着对学术史的回顾和展望，熔诗论与方法论于一炉。其重点不在“评”而在“导”，即引导学生如何在“材料方面”和“史学方面”去超越前贤。这是金针度人的陈寅恪式“评语”，既有学术鉴定，又有学术规范。这样的高标准，至今依然可供学士、硕士乃至博士的导师取法。导师应当善“导”，陈寅恪就是一个杰出的榜样。

50年代中期，康乐园里还颇重师道，贺岁之风未歇，到陈府拜年者大有人在。陈府门口每年张贴的春联，都是寅恪先生自制、师母唐篔女士书写的。这些联语，并非应景之物，按其意图来说，简直就是陈寅恪的年度宣言。可惜无人留心抄录，以致没有一部《金明馆楹联集》传世。尽管完璧不可求，遗存下来的三联，已经相当耐人寻味了。请看1957年春联：“万竹竞鸣除旧岁，百花齐放听新莺”。又某年春联：“野老已歌丰岁语，暗香先返玉梅魂”。1964年春联：“丰收南亩春前雨，先放东风岭外梅”。这些雅人深致的话语，古色古香，旧瓶新酒，蕴含着一位冷眼旁观的智者的心声。到了60年代，尽管撰联标门一如既往，但寅恪先生已经完全谢绝拜年，从此庭院深深，历史系师生便罕到了。如此自我封闭，口头上的理由是遵“老者安之”的古训，实际的思绪则凝结在他的诗作中：

北风凄紧逢元旦，南亩丰登卜甲辰。

闭户高眠辞贺客，任他嗤笑任他嗔。[1]

晚年“闭户”的陈寅恪，常常以“衰残野老”自况。他对苏东坡贬谪黄州之后，自元丰四年（1081）至六年每逢正月二十必赋的同韵七律，情有独钟，不仅用作春联集句，甚至还引进自撰年谱《寒柳堂记梦》的弁言中。坡翁这三首分别以“断魂”“招魂”“返魂”作结的“野老诗”，为何在陈氏心中频频激起共鸣，尚待进一步研究。至于他摘引过的诗句，则不妨列举备考：“事如春梦了无痕”“九重新扫旧巢痕”“暗香先返玉梅魂”。其着意之处，当有“今典”在，不只是一般“怀旧”而已。

陈寅恪的晚年心境，确实一片悲凉。在呕心沥血的《柳如是别传》完稿之后，“心史”虽成而心事未了，他于1965年秋季竟写下这样的诗句：“纵有名山藏史稿，传人难遇又如何。”担心绝学失传，这就是76岁“文盲叟”的真正悲哀。

岑仲勉是另一种风格的长者。此“老”不同彼“老”，有他自己的话为证：“竞病之学，少即不近，诗家之鸣者多怨愤若柔婉，余持达观，又躁率，宜乎凿枘也。”[2]“达观”是实，“躁率”是谦，仲勉先生的为人，其实十分可

---

1 陈寅恪《陈寅恪诗集》，清华大学出版社，1993年，第122、123页。

2 岑仲勉《唐人行第录》，中华书局，1962年，第201页。

亲可敬。他似乎蓄意不沾“殊遇”之边，家住广州市区文明路，往返费时，竟拒绝学校派专车接送，宁愿挤公共汽车来康乐园。一身唐装布鞋，左上口袋挂个旧式怀表，右下口袋放包“白金龙”牌的中档卷烟，每次都是提前来到课室，边抽烟边与学生闲聊。谈笑风生，甚至自我调侃，说出版社登门约稿，预支稿费是逼他“老大嫁作商人妇”，推上“花轿”了。岑老乡音（粤语）甚重而坚持说普通话，担心听者难懂不得不勤于板书，手已微颤，两节课还是写满一黑板的人名、地名、官名。在学生心目中，仲勉先生没有丝毫精神贵族的气味，他是一位地地道道的“平民学者”。

如前所述，岑氏人到中年才开始学术生涯，多年财税工作的实际锻炼，养成办事不厌其烦的好习惯。真的，没有苦干实干的精神，《突厥集史》是“集”不起来的，更何况还要校注《元和姓纂》、考证郎官石柱题名、辑释唐人行第，谈何容易。对有唐一代，仲勉先生可说是正史熟，文集熟，金石也熟，因而，一题到手，八面来风，左右逢源，令人叹为观止。可惜，在当年那种名为“以论带史”、实则“以论代史”的风气下，康乐园里的学徒，对岑氏之学的精微之处，大多限于观赏，能有几分学到手的，应属凤毛麟角了。

仲勉先生深知学术为天下之公器，提倡朋辈、师生之间可以“争鸣”，并且身体力行。他对唐代的历史和文化，有不少见解与寅恪先生相左，各持一说。“二老”相识多年，两度同事，但岑氏并不掩饰分歧，总是在讲课时一一挑明。据粗略统计，当年用作讲义，后来公开出版的《隋唐史》，与陈氏商榷之点，就多达二十三四处。不解其意者，认为大可不必，甚至埋怨此“老”对彼“老”未免太过分了。至于仲勉先生本人，却十分坦然，宣称：“我的看法，讨论与友谊，应截然划分为两事也。”[1] 我们今天才知道，当年远处辽沈的金毓黻先生，已经对此作过评议了：“细检岑著《隋唐史》有关唐代之重要问题，多与陈寅恪著《唐代政治史述论稿》意见相反，如论府兵制及进士科等问题，皆与陈氏不同。岑君亦能旁征博引，证明陈氏所论不尽确当，可见其善于读书。余因向未治此段历史，对于史料尚不熟悉，更谈不到大量占有史料，但终觉陈氏之论多从大处着眼，就此一节论之，似胜岑氏一著。”[2] 此说似较公允。

仲勉先生平易近人，没有“权威”架子。因此，当年的学生也就敢于私议，甚至宣泄某些微词。例如，有人认为他尽管文献如数家珍，理论思维则完全是门外汉。这样的误解，当然带有时代的烙印。其实，岑氏并不排斥概括，在著于1937年的《唐集质疑》中，他就对郡望

1 岑仲勉《岑仲勉史学论文集》，中华书局，1990年，第305页。

2 金毓黻《静晤室日记》，辽沈书社，1993年，第7170页。

问题作过卓越的观察：

> 唐世习称郡望，弗重里居，迨五代离乱，人口播迁，郡望之别就湮，占籍之邦是举，由是李姓者唯号陇西，王姓者只知太原，俗与世移，本不足怪。奈攻学之士，昧于掌故，徒抱现代之观点，尚论古代之民风，弊遂至于格格不相入，学之与用，判然两途，非廓清而沟通之，终无以致学术于光明，且徒耗学子之脑汁也。[1]

立论如此富于历史感，试问没有“理论思维”，怎能说出这番话来？时至今日，“徒抱现代之观点，尚论古代之民风”，岂不是还在流行么！

岑老一贯要求学生要重视基本功的训练。对扎根未深而醉心“高空作业”，他敲过警钟，指出“专之过早的毛病”：

> 记得弱冠时朋辈论学，开首便以专哪一经、四史中专哪一史为问，然而刚能独立研究，基础未厚，即便进入专的途径，论求学程序，似乎是躐等的。清代研究家很少能够全面展开，这恐怕是专之过早的毛病吧。试看名学者如王高邮父子（念孙、引之）、

1　岑仲勉《唐人行第录》，中华书局，1962年，第437页。

德清俞氏（樾），他们的著作都是兼涉群经，成绩辉煌，相信他们的学习，不是开始便专于一部的，史地也不能例外。[1]

以上云云，语气相当婉转，类乎“劝世良言”。其实，在课堂上他更开诚布公，是严厉批评过“专家无常识”的。当今“泡沫学术”颇行其道，“精品”满天飞，“文化快餐”也几乎连锁化了。“躁率”的仲勉先生如果健在，也许会情不自已地再度强调如下的“懔戒”：

史之为学，不外摹写实状，故必先明了古今之社会实况，然后可以论史。失句误解，以余涉猎，则古往今来著名之旧学家时或犯之，糟粕文言者更势在不免，离乎事实之外而欲求其通，难矣。故欲明了古前社会者，必须先了解古人文字，早挟成见（主观），复凭参悟（演绎），皆论史者所当懔戒。[2]

谢世多年的陈、岑“二老”，其学术和精神至今未老。像康乐园里的罗汉松和大榕树一样，必将历久不凋，四季常青。

---

1 岑仲勉《中外史地考证》上册，中华书局，1962年，第8、9页。

2 岑仲勉《岑仲勉史学论文集》，中华书局，1990年，第477页。

二 《陈寅恪集》的中外关系史学术遗产

在陈寅恪先生的学术遗产中，中外关系史并不是治学的重点，只是他的学术眼界触及的领域。早年著作《三国志曹冲华陀传与佛教故事》《西游记玄奘弟子故事之演变》《几何原本满文译本跋》以及《莲花色尼出家因缘跋》《狐臭与胡臭》等，对"二西"（西域和西洋）与中国的文化因缘，均在不同程度上有发覆之功，早已蜚声学界了。至于散见的有关塞表殊俗和胡汉关系的论断，其卓识对后学也无异提示和导向，犹当贯串会通，以收金针度人之效。本章是个人的读书心得，谈不上什么系统的阐释和全面的整合。力所能及的只是提出问题，即探寻陈寅恪先生通过思维范畴化形成的若干理念，如传播、格义、体用、世代和连环等，聊供研究中外关系史尤其是文化交流史者参考。

（一）文化传播的两种方式

佛法东传和西学东渐，是中国文化史上两次著名的“西潮”。关于“二西”的传播方式及其利弊，陈寅恪先生读慧皎《高僧传》作过如下的精辟论述：

> 自汉明迄梁武，四百五十年间，译经诸大德，天竺人居四分之一，其余皆罽宾、西域及凉州之人。据此可知六朝文化与中亚关系之深矣。
>
> 间接传播文化，有利亦有害。利者如植物移地，因易环境之故，特可发挥其特性而为本土所不能者。如基督教移植欧洲，与希腊哲学接触，而成欧洲中世纪之神学、哲学及文艺是也。其害则辗转间接，致失原来精意，如我国自日本、美国贩运文化中之不良部分，皆其近例。然其所以致此不良之果者，曾在不能直接研究其文化本原。研究本原，首在通达其语言。中亚语言与天竺同源，虽方言小异，而大致可解，如近世意语之于拉丁。按《出三藏记集》卷八僧睿大品经序谓：胡音失者，正之以天竺。盖古译音中如弥勒、沙弥之类，皆中亚语。今日方知，足证当时实此类之经本。然其所译，大抵仍皆是梵文，犹天主教人赍译诸书，实皆拉丁之本，而音译名字犹存法意土音也。因此可知中亚人能直接通习

梵文，故能直接研究天竺学术之本源。此则间接之害亦不甚深也。至其利则中亚大小乘俱盛。[1]

上面这段引文，充分表现出陈寅恪史学的国际眼界和辩证思维。中古时代的文化传播，既是渐进的，又是曲折的。由于当时物质技术条件的限制，来自“文化本原”的直接传播不可能起主导作用，“辗转间接”才是普遍存在的方式。因此，为了探索一种文化因缘在空间上的展开，也即为何从此地传入彼地，必须找出中间环节，才不至于架空立说。寅恪先生对文化传播的中介性或间接性的重视，与现代西方哲学强调“综观”不谋而合：“发现或发明中间环节是极为重要的。”[2]

文化本原通过中间环节而变异，导致正宗与变种并存，蔚为文化交流的奇观。西域的九姓胡（粟特），南海的三佛齐（苏门答腊），是传播波斯文明和大食文明的中介，由此而来的胡俗和蕃俗，从信仰、音乐、服饰、饮食直至丧葬，无不涂上间接传播的异彩。时至今日，描述这类历史现象已经不算什么创见了；至于如何作出“有利亦有害”的判断，可能就要以陈寅恪史学为范式，注

1 陈寅恪《读书札记三集》，生活·读书·新知三联书店，2001年，第307—308页。

2 维特根斯坦《哲学研究》，上海人民出版社，2001年，第75页。

意地域、阶段和类型的差异，以便取得更敏锐、更精微的文化分析。

（二）“格义”的功能和限度

在本土文化与外来文化相逢之初，其认同的逻辑手段貌似融会，实为附生，即所谓“格义”是也。陈寅恪先生在《与刘叔雅论国文试题书》中，明确指出“格义”现象的由来及其与比较研究的差异：

> 西晋之世，僧徒有竺法雅者，取内典外书以相拟配，名曰“格义”（“格义”之义详见拙著《支愍度学说考》），实为赤县神州附会中西学说之初祖。即以今日中国文学系之中外文学比较一类之课程言，亦只能就白乐天等在中国及日本之文学上，或佛教故事在印度及中国文学上之影响及演变等问题，互相比较研究，方符合比较研究之真谛。盖此种比较研究方法，必须具有历史演变及系统异同之观念。否则古今中外，人天龙鬼，无一不可取以相与比较。荷马可比屈原，孔子可比歌德，穿凿附会，怪诞百出，莫可追诘，更无所谓研究之可言矣。[1]

1　陈寅恪《书信集》，生活·读书·新知三联书店，2001年，第161页。

引文提及的《支愍度学说考》，博大精深。其中详细剖析“格义”的成因和流变，认定“其为我民族与他民族二种不同思想初次之混合物”，[1] 并指出这个古老模式对宋代理学援释入儒的影响。另文《从支愍度学说到支愍度话题》，已略加论述。这里想强调的是，研究中外关系的学人，倘能对寅恪先生所阐述的义理尤其是“历史演变及系统异同之观念”有所领悟，则对历史上从海陆两路入华的精神舶来品和物质舶来品，当可作出更具深度的观察，避免简单化，进而澄清“引进”和“接轨”之类的流行观念。

（三）“中体西用”的历史验证

陈寅恪先生对晚清“中体西用”的文化主张，曾在自己的历史研究中进行过不止一次的验证。其目的当然不是为了提出社会改革的方案，而是旨在给主体文化与客体文化的结合方式作出理性的说明。

验证之一，见于《四声三问》：

> 宫商角徵羽五声者，中国传统之理论也。关于

1　陈寅恪《金明馆丛稿初编》，生活·读书·新知三联书店，2001年，第123页。

声之本体，即同光朝士所谓“中学为体”是也。平上去入四声者，西域输入之技术也。关于声之实用，即同光朝士所谓“西学为用”是也。盖中国自古论声，皆以宫商角徵羽为言，此学人论声理所不能外者也。至平上去入四声之分别，乃摹拟西域转经之方法，以供中国行文之用。其“颠倒相配，参差变动”，如“天子圣哲”之例者，纯属于技术之方面，故可得而谱。即按谱而别声，选字而作文之谓也。[1]

验证之二，见于《隋唐制度渊源略论稿》“礼仪”章：

综合隋代三大技术家宇文恺、阎毗、何稠之家世事迹推论，盖其人俱含有西域胡族血统，而又久为华夏文化所染习，故其事业皆藉西域家世之奇技，以饰中国经典之古制。如明堂、辂辇、衮冕等，虽皆为华夏之古制，然能依托经典旧文，而实施精作之，则不藉西域之工艺亦不为功。夫大兴、长安城宫市之规模取法太和洛阳及东魏高齐邺都南城，犹明堂、车服之制度取法中国之经典也。但其实行营建制造而使成宏丽精巧，则有资于西域艺术之流传

1 陈寅恪《金明馆丛稿初编》，生活·读书·新知三联书店，2001年，第381页。

者矣，故谓大兴长安城之规模及隋唐大辂、衮冕之制度出于胡制者固非，然谓其绝无系于西域之工艺者，亦不具通识之言者也。前贤有中学作体、西学为用之说，若取以喻此，其最适合之义欤？[1]

在历史验证的基础上，陈寅恪先生对中国文化如何实现创造性转化的问题，作出如下一段“通古今之变”的预言：

窃疑中国自今日以后，即使能忠实输入北美或东欧之思想，其结局当亦等于玄奘唯识之学，在吾国思想史上，既不能居最高之地位，且亦终归于歇绝者。其真能于思想上自成系统，有所创获者，必须一方面吸收输入外来之学说，一方面不忘本来民族之地位。此二种相反而适相成之态度，乃道教之真精神，新儒学之旧途径，而二千年吾民族与他民族思想接触史之所昭示者也。[2]

这段带有规律性的智者之言，博古通今，在《陈寅恪集》的中外关系史学术遗产中，堪称“重中之重”，任何时候

1　陈寅恪《隋唐制度渊源略论稿》，生活 · 读书 · 新知三联书店，2001 年，第 88 页。

2　陈寅恪《金明馆丛稿二编》，生活 · 读书 · 新知三联书店，2001 年，第 284—285 页。

都是发人深省的。

（四）胡人汉化的世代层次

魏晋以降，直至隋唐，胡人汉化的问题，在文化史中占有重要的地位。其中涉及“兴生胡”与“土生胡”的差异，似乎不难辨认；至于土生胡中华化程度的深浅，如果没有精确的分析，就比较容易产生混乱。例如，据墓志或文书中的胡姓（源出西胡或东胡之姓），就断言某甲某乙属胡人族类，甚至认定某时某地仍有胡人聚落，都是很难取信于人的。

陈寅恪先生认为观察胡人汉化必须注重世代层次，仅仅按“姓”论人，就容易陷入简单化的误区。他在考释白乐天和元微之的世系时郑重指出：

> 吾国中古之时，西域胡人来居中土，其世代甚近者，殊有考论之价值。若世代甚远久，已同化至无何纤微迹象可寻者，则止就其仅余之标帜即胡姓一事，详悉考辨，恐未必有何发见，而依吾国中古史“种族之分，多系于其人所受之文化，而不在其所承之血统”之事例言之（见拙著《唐代政治史述论稿》及《隋唐制度渊源略论稿》），则此类问题亦可不辨。故谓元微之出于鲜卑，白乐天出于西域，

固非妄说，却为赘论也。[1]

除此之外，陈寅恪先生为给“谈唐代异族华化史者又增一新例”而做的个案研究，即《刘复愚遗文中年月及其不祀祖问题》一文，往往被人忽略，特将其结论引在下面，借以提醒胡人胡事的当代论者切勿掉以轻心：

> 藤田（丰八）氏以刘为伊斯兰教徒习用名字之音译，固不可信，而桑原（骘藏）氏以广州通商回教徒之刘氏实南汉之赐姓，今若以复愚之例观之，其说亦非是。鄙见刘与李俱汉唐两朝之国姓，外国人之改华姓者，往往喜采用之，复愚及其它伊斯兰教徒之多以刘为姓者，殆此之故欤？关于复愚氏族疑非出自华夏一问题，尚可从其文章体制及论说主张诸方面推测，但以此类事证多不甚适切，故悉不置论，谨就其以刘为氏，而家世无九品之官，四海无强大之亲，父子俱以儒学进仕至中书舍人礼部尚书，而不祭祀先祖，及籍贯纷歧，而俱贯胡侨寄之地三端，推证之如此。[2]

---

1 陈寅恪《元白诗笺证稿》，生活·读书·新知三联书店，2001 年，第 317 页。

2 陈寅恪《金明馆丛稿初编》，生活·读书·新知三联书店，2001 年，第 365—366 页。

很明显，胡姓作为标志性的符号，如果脱离礼俗体系，就会失掉认知价值。在胡汉世系问题上，忽略世代感，也就没有历史感可言了。

（五）“连环性”——历史联系的网络式理解

柏拉图在《理想国》中道出一个平凡的真理：“能在联系中看事物的就是一个辩证法者，不然就不是一个辩证法者。”[1] 陈寅恪史学的辩证思维，正在于能在联系中看事物，“连环性”的概念就是它的集中表现。

《唐代政治史述论稿》的下篇，取名“外族盛衰之连环性及外患与内政之关系”，可说是陈寅恪先生“以现代国际观念来看唐史”[2] 的典范性的学术演示。内云：

> 所谓外族盛衰之连环性者，即某甲外族不独与唐室统治之中国接触，同时亦与其他之外族有关，其他外族之崛起或强大可致某甲外族之灭亡或衰弱，其间相互之因果虽不易详确分析，而唐室统治之中国遂受其兴亡强弱之影响，及利用其机缘，或坐承其弊害，故观察唐代中国与某甲外族之关系，其范

1　柏拉图《理想国》，商务印书馆，1986 年，第 305 页。

2　陈寅恪《讲义及杂稿》，生活·读书·新知三联书店，2002 年，第 495 页。

围不可限于某甲外族，必通览诸外族相互之关系，然后三百年间中国与四夷更迭盛衰之故始得明了，时当唐室对外之措施亦可略知其意。盖中国与其所接触诸外族之盛衰兴废，常为多数外族间之连环性，而非中国与某甲外族之单独性也。

这种对历史联系的网络式理解，把双边与多边结合起来，构成一个互动的视野，有特别重要的意义。我深受其惠，念念不忘，曾形诸笔墨：

> 九姓胡之所以在八世纪上半期频频入贡，还有更深刻的动因，这就是阿拉伯人对中亚两河流域的步步进逼。我从这场席卷粟特城邦的“圣战”浪潮，追溯到它对唐代胡汉关系的影响，进一步领会到陈寅恪先生关于“外族盛衰之连环性”的判断，是一个嘉惠后学的卓识。[1]

《陈寅恪集》的中外关系史学术遗产，并不限于本文列举诸端。不过，即使仅据上述五项立论，也足以说明这些渗透通识的概念工具，对深化历史思维有什么样的

1　拙著《我和唐代蕃胡研究》，收入《学林春秋》三编上册，朝华出版社，1999 年，第 246—247 页。

价值。中外关系史是专门史，一“专”就容易忽略“通”。前辈虽有“专家易得，通人难求”的告诫，似乎尚未深入人心。在当代治学日益专门化的趋向之下，历史观念中“通识”的式微，往往导致作茧自缚的局限，是值得我辈学人警惕的。

三　金明馆教泽的遗响

20世纪50年代，陈寅恪先生将自己在中山大学校园的寓所命名为“金明馆”。尽管感时伤事，悲怀难遣，但仍讲学著书，传灯南国。“守先哲之遗范，托末契于后生”，他确实勉力而为，难能可贵。“元白诗证史”的讲席就是在金明馆里开设的。刘隆凯先生珍藏40多年的这份听讲笔记，既表现出一个青年学子的勤谨和虔诚，又传达了金明馆教泽的遗响，相信它的出版[1]，必将博得当代读者的重视和欢迎。

陈寅恪先生讲授“元白诗证史”，指定以其专著《元白诗笺证稿》为教材。后者是原典，前者是讲述。他关于元白诗的见解，及其相关的证史、考史和论史，当然应以书为准，无可替代。听讲笔记也许可以看作通俗化的口语版，对阅读《元白诗笺证稿》起辅助作用。把“如

1　《陈寅恪“元白诗证史”讲席侧记》，刘隆凯整理，湖北教育出版社，2005年。本文是应刘先生约而作的序言。

是我闻”与“现身说法”区分开来，自觉地防止错觉，是“后世相知”无可推卸的责任。

《元白诗笺证稿》是一部忧患之书，草创于烽火连天的抗战救亡年代。到成书的时候，寅恪先生已经因视网膜脱落而失明了。世变和病变，给他的笔耕带来苦难的双重烙印。尽管如此，这部诗史互证的名著，仍然是十分辉煌的。按个人浅见，它在陈寅恪的学术生涯上具有里程碑的意义，既是“不古不今之学”的新品种，又是“读书不肯为人忙”的新演示。下面试作说明，不当之处，尚祈教正。

（一）“不古不今之学”的新品种

“不古不今之学”，是陈寅恪先生对平生治学志趣的夫子自道。后人对这个说法，各有不同的理解。有人认为是指中国历史的中古一段，即魏晋到隋唐这一时期。此说是按字面直解，似未发其底蕴。又有人联系到近代的古文、今文经学之争，推测“不古不今”是表明寅恪先生超越于经学两派之外，这似乎又求之过深，反而不甚贴切了。究竟怎样才算得其真解？程千帆先生在《闲堂书简》中曾探其微旨，指出：“‘不今不古’这句话是出在《太玄经》，另外有句话同它相配是‘童牛角马’，意思是自我嘲讽，觉得自己的学问既不完全符合中国的传统，也不是完全跟着现代学术走，而是斟酌古今，自成一家。表面上是自嘲，其实是自负。根据他平生的实践，确实也做到了这一点，即不古不今，亦古亦今，贯通中西，继往开来。”比较而言，程说似乎更知其人其学。只要想起《柳如是别传》“稿竟说偈”也有“非旧非新，童牛角马”的字样，其学术追求的卓越性和一贯性，岂不是昭然若揭么？事实证明，在陈寅恪的理念中，“不古不今”是与“独立自由”相辅相成的。

《元白诗笺证稿》是“不古不今之学”的新品种，它的撰作，意味着陈寅恪唐史研究系列的完成，并开启了“亦文亦史”的新阶段。在1944年致陈槃函中，早已申明其意：“弟近草成一书，名曰‘元白诗笺证’，意在阐述唐代社会史事，非敢说诗也。弟前作两书，一论唐代制度，一论唐代政治，此书则言唐代社会风俗耳。”通过元白诗来阐述唐代社会史，是陈寅恪先生长期构思的研究策略。师母唐筼作过如下的笔录：“中国诗虽短，却包括时间、人事、地理三点……中国诗既有此三特点，故与历史发生关系……把所有分散的诗集合在一起，于时代人物之关系、地域之所在，按照一个观点去研究，联贯起来可以有以下作用：说明一个时代之关系。纠正一件事之发生及经过。可以补充和纠正历史记载之不足。最重要是在于纠正。元白诗证史即是利用中国诗之特点来研究历史的方法。”[1]上面这段话，充分说明以诗证史的可能和必要，促进了学术研究中的诗史联盟，从而孕育出“不古不今之学”的新品种。往后的《论再生缘》和《柳如是别传》，正是与此一脉相承的。

自《元白诗笺证稿》问世以来，褒者固多，贬者也不少。其中关于杨贵妃婚史的考证，本来意在纠谬，却招致颇多诽议和诋諆。深知陈寅恪的史德和史识的郑天挺先生，读完该书之后，不得不郑重地为老友辩诬了：

> 所谓考证太真事，在第一章“长恨歌”中，盖考太真入宫始末，因而辨及朱彝尊《曝书亭集》五十五《书杨太真外传后》，所据《旧唐书》五十一“后妃传”：“（开元）二十四年（武）惠妃薨”之误（应为二十五年十二月丙午薨）。朱氏以为太真在二十四年惠妃卒后即入宫，未尝先至寿王邸，故以张俞《骊山记》所言“妃以处子入宫”为可信。陈氏辨武惠妃卒于二十五年十二月，太真为道士最早亦在二十六年正月二日，或如《新书》所言在二十八年十月，不能在二十五年正月也。陈氏之辨仅此。但有朱氏“妃以处子入宫，似得其实之论，殊不可信

1　详见陈寅恪《讲义及杂稿》，生活·读书·新知三联书店，2002年，第483、484页。

从也”一语。此章凡十八页，约二万余字（所占字数为二万六千字，有空格）。谈太真入宫者三叶，约三千字，而兼涉他事。不应举此为病。书中考证社会生活及工业技术尤精，更不应抹煞其工力也。[1]

平心而论，杨贵妃入道、入宫之年，本来是唐史一重公案，不仅陈寅恪考过，陈垣也考过，并公开发表《杨贵妃入道之年》一文[2]，“二陈”的结论不谋而合，堪称现代实证史学的一段佳话。顺带指出，陈垣先生也同样在文中引述朱彝尊（竹垞）“谓妃以处子入宫”一语，这样做是为了有的放矢，切莫以为是什么猎奇。从根本上说，陈寅恪先生揭示“杨家有女初长成，养在深闺人未识”的真相，无非是考史求真，并没有践踏诗歌的领地。

（二）“读书不肯为人忙”的新演示

在“元白诗证史”的讲席上，陈寅恪先生通过考史笺诗，以新的论题为莘莘学子演示了“读书不肯为人忙”的教导，这同样是发人深省的。

1　据郑克晟《陈寅恪与郑天挺》，见《陈寅恪与二十世纪中国学术》，浙江人民出版社，2000年，第749页。

2　见《陈垣史源学杂文》，人民出版社，1980年，第67—70页。

1929年，陈寅恪先生在清华园应北大学生之请，写了一首《北大学院己巳级史学系毕业生赠言》：

> 群趋东邻受国史，神州士夫羞欲死。
> 田巴鲁仲两无成，要待诸君洗斯耻。
> 天赋迂儒“自圣狂”，读书不肯为人忙。
> 平生所学宁堪赠，独此区区是秘方。

被他戏称为“秘方”的“读书不肯为人忙”，其实正是防治“曲学阿世”的妙药。为人与为己，是先秦诸子提出的两种对立的读书观，孔子、荀子、墨子都讲过这个问题。读书究竟是为人还是为己，2000多年来一直影响着中国的读书人。据《论语·宪问》载：“子曰：古之学者为己，今之学者为人。”所谓“为己”，原来的意思是“因心会道，得之于己”；“为人”的意思是“凭誉显扬，见知于人”。假如是“为己”，就是读书有心得，提高了自己，使得主客观一致，即“会道”。至于“为人”，则是凭借读书以获名气，得到一些自己力求猎取的东西。“为人”的读书观，通俗化以后就变成三句话：“书中自有千钟粟”“书中自有黄金屋”“书中自有颜如玉”。简单来说，“千钟粟”为读书做官论，“黄金屋”为读书发财论，“颜如玉”为读书享乐论。“书中自有”云云，语出宋真宗《劝学篇》。蒲松龄作《书痴》（《聊斋志异》卷十一）讽之，其中纱剪之美人姓颜名如玉，立意尤妙。可见，这三种读书观的境界都是非常低劣，应予排除的。那么，“为己”的读书观，照陈寅恪先生的说法又是怎样的呢？在1927年纪念王国维先生的碑文中，他明确主张：“士之读书治学，盖将以脱心志于俗谛之桎梏，真理因得以发扬。”按佛学言，虚妄之理是俗谛，真实之理才是真谛。读书人应从虚妄之理中摆脱出来，发扬真理的光芒。总结上面的意思，“读书不肯为人忙”这条“秘方”的实质，就是读书要“脱俗求真”。欲问“栖身岭表”之后的陈寅恪，如何“托末契于后生”，我想在他心灵的深处，一定还是这条“区区”的“秘方”，其价值远在任何知识传授之上。

对陈寅恪先生来说，“读书不肯为人忙”在史学方面的实践，就是“从史中求史识”。《元白诗笺证稿》第四章，就从元稹“巧宦”和“巧婚”的行径中总结出一段知人论世的名言：

> 综览史乘，凡士大夫阶级之转移升降，往往与道德标准及社会风习之变迁有关。当其新旧蜕嬗之间际，常呈一纷纭综错之情态，即新道德标准与旧道德标准，新社会风习与旧社会风习并存杂用。各是其是，而互非其非也。斯诚亦事实之无可如何者。虽然，值此道德标准社会风习纷乱变易之时，此转移升降之士大夫阶级之人，有贤不肖拙巧之分别，

> 而其贤者拙者，常感受苦痛，终于消灭而后已。其不肖者巧者，则多享受欢乐，往往富贵荣显，身泰名遂。其故何也？由于善利用或不善利用此两种以上不同之标准及习俗，以应付此环境而已。譬如市肆之中，新旧不同之度量衡并存杂用，则其巧诈不肖之徒，以长大重之度量衡购人，而以短小轻之度量衡售出。其贤而拙者之所为适与之相反。于是两者之得失成败，即决定于是矣。

寅恪先生说的“新旧蜕嬗之间际”，相当于现代语言的“过渡时期”；所谓“并存杂用”，也类似“多元化”现象。究竟取法何方，是巧是拙，各人当心中有数。从理性和公道上说，贤者的取向是不会吃亏的。

听过“元白诗证史”的陈门弟子，现在都已过了花甲之年。回首往事，相信会感受到金明馆的教泽不仅包含卓越的学识，而且渗透着立身处世的哲理。未知同窗学友以为然否？

四　仰望陈寅恪铜像

2008年10月10日，陈寅恪（1890—1969）铜像在中山大学永芳堂揭幕。这座将学人魂物质化的纪念品，出自著名雕塑家唐大禧先生之手，由历史系1978级校友奉献母校。本文是揭幕仪式上的致辞。

——题记

金秋时节，仰望金光闪闪的先师铜像，昏眼为之一明，感受到严肃与崇高，未开口已经先激动了。

面对着陈寅恪先生的宗师伟业，道德文章，我自知差距巨大，矮了半截，只有仰望又仰望。他生前授课，我坐在学生凳上仰望；他作古多年后，我写《仰望陈寅恪》一书追念；今天在这个仪式上致辞，依然守“仰望”之旧义，不敢哼“走近”的时调。时时仰望，似乎比烧炷香更能表达对金明馆主人的感念之情。

陈寅恪先生的学术生涯，与两个校园结缘最深。早期是北京的清华园，十四年；晚期是广州的康乐园，二十年。后者被他称为“栖身岭表”的时段，也是最长和最后的时段。正是在这风风雨雨的岁月里，他以“衰残老病”之身，作《元白诗笺证》，使《再生缘》再生，为柳如是立传，如此等等，无异用苦汁酿成甜酒，创造出精神生产的奇迹，在学术上取得了新的辉煌。因此，陈寅恪铜像立于康乐园，立于浸润过他汗水和泪水的土地上，可说是得其所的。

最后二十年的陈寅恪，双目完全失明，自称为“文盲叟”。如何再现他的形象，确实是对雕塑艺术家的严峻考验。经过唐大禧先生的潜思妙悟和精心制作，一个盲于目而不盲于心的智者，终于形神兼备地脱胎出来了。我于仰望之余，心中不禁赞叹：大禧大手塑大师！谢谢。

对陈寅恪先生，我只有受业一年（1955年秋至1956年秋）之缘，既非“入室弟子”，也无“教外别传”。在金明馆听课的时候，他已经是一位66岁的长者了。咫尺之间，存在的并非父子辈而是祖孙辈的庄严“代沟”，可望而不可即。因此，时至今日，我既不敢谈“继承”，也无从说“走近”，只能够老老实实地“仰望”而已。

仰望陈寅恪铜像，不是看偶像，不是取标签，不是捞符号，而是为了寻找日益淡化和边缘化的陈寅恪精神。这个精神的核心，通俗地说就是“二要一不要”：要独立自由，要脱俗求真，不要曲学阿世。欲知其详，请阅陈氏的传世名文《清华大学王观堂先生纪念碑铭》和《赠蒋秉南序》。

陈寅恪铜像的揭幕，固然是盛事，是乐事，同时更是寓意深远的心事。但愿此举对净化学术风气和提升学术境界，具有地标式的意义。事在人为，拭目以待吧。

五　陈寅恪：志在求真的一代宗师

五十年过去了，历史学家陈寅恪的幽灵，并没有隐入历史的荒冢。“他的学理到处流传，这对他的骨灰倒是一种慰安。”（拜伦）漫步在故居的林荫小道，我从内心点起崇敬的香烛，纪念这位志在求真的一代宗师。

和同时代人相比，陈寅恪先生的著作并不算多，但有很强的精神魅力。可以说，金明馆的产品，史有诗心（想象力），诗有史笔（判断力），耐人读，耐人想，耐人叩寂寞以求音。三联版的《陈寅恪集》，既是文集又是像集，精编精制，为读者开启了读其书思其人的方便法门，功德无量。我是晚生后学，尽管读过他的书，听过他的课，但领悟甚浅，对其渊深的学理，无力阐发，徒叹奈何。幸好老先生早已夫子自道，金玉之言，落地有声。我就当个不才的“文抄生”吧，庶几免交白卷，贻笑大方。

按个人直观的认知，陈寅恪先生的学理，包含理念和理路，抽象与具体兼而有之。早在 20 世纪上半期，他已经和盘托出了，照录如后。其一，《清华大学王观堂先生纪念碑铭》（1929年）云："士之读书治学，盖将脱心志于俗谛之桎梏，真理因得以发扬。"其二，《王静安先生遗书序》（1934年）以三目概括治学之轨则："一曰取地下之实物与纸上之遗文互相释证""二曰取异族之故书与吾国之旧籍互相补正""三曰取外来之观念与固有之材料互相参证"。如果简化上面的引文，似乎可以说："脱俗求真"是一个理念，"互证、互补、互参"是三条理路。那么，陈寅恪的学理，就兼有导向性和可行性了。他的一家之言，足供大家共享，过去如此，现在也是如此。

从学术实践来看，陈寅恪先生提出的两项主张，即"预流"和"发覆"，犹如"彩凤双翼飞"，缺一不可。他在《敦煌劫余录序》（1930年）中写道："一时代之学术，必有其新材料与新问题。取用此材料，以研求问题，则为此时代学术之新潮流。治学之士，得预此潮流者，谓之预流（借用佛教初果之名）。其未得预者，谓之未入流。此古今学术史之通义，非彼闭门造车之徒，所能同喻者也。"这个著名的"预流"说，为"闭门造车"的陋儒敲起警钟，有力地促进了"敦煌学"在我国的发展。他本人也身体力行，贡献了一批相关论著，如《莲花色尼出家因缘跋》。至于在学术研究中应当发覆和如何发覆，则无论早年问世之作还是晚年撰写的《柳如是别传》，陈先生都现身说法，不同程度地颠覆俗见和旧说，产生了"于无声处听惊雷”的效应。像这样双向治学，非高手不能左右逢源。试问“预流”和“发覆”孰重孰轻，“双翼”不是有主翼、辅翼之分么？比较而言，新材料的发现可遇不可求，治学之士不能停工待“料”，其工作的常规状态只能是“温故知新”，即从旧材料（传世的史籍、诗文、碑铭、档案）找新问题，对旧事物作新解释，从而达到突破和超越，在“钻故纸堆”中化腐为奇，这也同样是“古今学术史之通义”。可惜，此义若明若晦，以致陈寅恪“发覆”名篇《支愍度学说考》虽创获甚多却不入时眼，似乎已被忘却了。说到这里，不禁想起苏轼《次韵孔毅父集古人句见赠》诗中的话：“天下几人学杜甫，谁得其皮与其骨？”如果将这个“东坡问”套在陈寅恪身上，该作何解？看来，各显神通是一回事，神理相通又是一回事，非我所宜插嘴，还是留待“后世相知”去解答吧。

陈寅恪先生是纯正学人，远离朝市，拒绝媚俗，一辈子读书、教书、写书，不负文化之托命。他的重大关切，是如何去避免思想的停滞和理性的衰退，并非什么现世功利。作为一代宗师，其脱俗求真的表现形式，难免“菩萨低眉”与“金刚怒目”共存，这是没有什么可怪的。面对陈寅恪的精神史，切莫随意浮想，作出非学人化的解释。尽管他的某些撰述有沉痛的身世感，像清初陆崑曾说的那样：“言之所及在古，心之所伤在今。”对此，后人“应具了解之同情”！

2019年8月18日，盛暑中写于广州中山大学。时距修读“元白诗证史”已六十三年矣。举首回望，有感于学缘浅、教泽深，施多报少，愧对陈门，尤其愧对“文盲叟”的形象。现就记忆之所及，敬集先生佳句，于忌辰之日重温“闻道”之言：

> 读书不肯为人忙，自家公案自家参。从今饱吃南州饭，老来事业未荒唐。

（本文系作者2019年10月12日在北京大学人文社会科学研究院、生活·读书·新知三联书店主办的“陈寅恪与近代中国的学术与思想——纪念陈寅恪先生逝世50周年学术研讨会”上的发言）

六　岑仲勉中外史地考证的学术风格

“匹夫而为百世师”的韩愈，在其名文《答刘正夫书》中，以斩钉截铁的语气指出学术史上“功”与“名”、“立”与“传”的因果关系：“用功深者，其收名也远；若皆与世沉浮，不自树立，虽不为当时所怪，亦必无后世之传也。”[1]

谢世将近半个世纪的岑仲勉先生，以其刻苦自励的学术生涯和博大精深的学术成果，为上述精神生产的历史经验提供了新的具体例证。中华书局将岑先生著作纳入“中国出版集团学术著作出版资助项目”，于2004年影印出版了《岑仲勉著作集》15种17册，“以应急需”。这种“后世之传”的方式，颇具现实意义，既使“坐冷板凳”者深受鼓舞，同时也足以令“文化快餐”失色。

岑著的知识覆盖面极广，诚如中华书局出版说明所言：“在隋唐史、先秦史、古代文献学、中西交通和民族

1　《韩昌黎文集校注》，上海古籍出版社，1986年，第207页。

关系、史地考证等方面，均卓有建树，为国内外史学界所推重。”[1]我于20世纪50年代中期，曾忝列门墙，选修过岑仲勉先生的“隋唐史”。尽管聆教一年，但对其精微之处，领会甚浅，无传承可言。下面仅就中外史地考证方面，略说仲勉先生的成就和风格，不贤识小，聊寄对一代宗师的感念之情，并借以自我鞭策，如此而已。

（一）一位“半路出家”的大家

岑仲勉先生的学术道路，带有朴实无华的平民色彩，与士大夫式的精神贵族大异其趣。他生于清末顺德一个商人家庭，先辈经营粮米生意，虽通翰墨，但并非严格意义的书香门第。岑氏本人考史、校史、证史的深厚学养，也不是从学院式的人文教育中取得的，可说与所谓“科班出身”无缘。因此，直到晚年，岑先生仍毫不讳言地夫子自道：“仲勉早岁学殖荒落，中年稍振刷，视苏老泉已瞠乎其后”。[2]甚至在生徒面前，也乐于暴露而不是“包装”，往往戏称自己是“半路出家”。这当然是谦词，其实大可移作对仲勉先生的赞语，因为，他一“出家”就成家，很

1　中华书局编辑部《岑仲勉著作集出版说明》，收入《岑仲勉史学论文集》，中华书局，2004年，第1页。

2　岑仲勉《金石论丛》，中华书局，2004年，第4页。

快就名动京师，被陈寅恪先生视为“南学”的代表了。

仲勉先生童年就读于故乡的私塾，1903年考入两广大学堂（前身为广雅书院），1912年转读北京高等税务学校。毕业后供职于财政、税务和邮政部门，俗务缠身，忙忙碌碌。30年代初南旋，投身教育界，才从职员变成教员。1931年，他在广州圣心中学任教，潜心文史，尤其致力于中西交通的专门之学。取西洋汉学之精华，融入传统的实学，把顺德先贤李文田（1834—1895）的西北史地考证推向新阶段。该校校刊《圣心》杂志，连续发表了岑氏考证西域南海史地的多篇论文。经陈垣先生介绍，时在清华大学任教的陈寅恪先生于1933年作出高度的评价：“岑君文读讫，极佩（便中乞代致景慕之意）。此君想是粤人，中国将来恐只有南学，江淮已无足言，更不论黄河流域矣。”[1]这个并非过誉的预期，在岑氏往后的治学实践中，可以说是辉煌地实现了。

仲勉先生中外史地考证的贡献是多方面的，无论南海史、西域史还是突厥史，均卓有建树，既拓展了研究领域，又深化了历史认识，为后学留下了丰厚的遗产。

1. 南海史

古代历史文献上的“南海”，包括从南中国海到印度

---

1 陈智超编注《陈垣来往书信集》，上海古籍出版社，1990年，第377页。

洋的广阔海域。唐代贾耽记述的“广州通海夷道”，就是贯通南海的国际航道。仲勉先生立足于唐人海程，上溯秦汉，下及明清，对南海历史地理作出系统的研究。重要论文如《西汉对南洋的海道交通》、《南海昆仑与昆仑山之最初译名及其附近诸国》以及《自波斯湾头至东非中部之唐人航线》等，都是在详细占有材料的基础上辨斥旧说，别立新证。尤其后文，经实证性的比勘之后，还提出深化历史认识的两点感想：“其一，我国人冒险奋斗之性质，不让于世界上任何优秀民族，惟以缺乏组织，故其成绩往往湮没无闻。其二，上层、下层各有其观察，下层之观察，间或为上层所不及知，贾耽所记广州通海道程，可信系得自当日老航海家，否则无知如此确实。”[1] 关于唐宋时代著名贸易港“广府”与广州的勘同，仲勉先生早年已从《圣教序》及《开元释教录》举出两证，后又从唐代墓志、诏令、奏议和笔记中捡出六条补证，使广州又称“广府”之说牢不可破，足以解除某些学者的困惑。[2] 此外，仲勉先生的南海史研究，并不限于航线和地名考证，其视野还扩大到明代的海防史。《明代广东倭寇记》一文，考察了从洪武二十四年（1391）到万历

1　岑仲勉《中外史地考证》上册，中华书局，2004 年，第 412 页。

2　潘光旦先生曾持此说：“广州普通呼为广府，怕是明代以来的事，因为从明代起，才有广州府的名称……”见《中国境内犹太人的若干历史问题》，北京大学出版社，1983 年，第 19 页。

四十二年（1614）濒海郡县的历次寇乱，指出“商舶来者，往往密具甲仗，觇海疆无备，即肆劫掠”的事实。这与时下那种把海外交通牧歌化的非历史倾向，显然是大异其趣的。

2. 西域史

早在1934年，仲勉先生已经系统地研究过东晋高僧法显（约337—约422）赴印求法的行程，写成《佛游天竺记考释》一书。到了晚年，他积大半生研究西域史的心得，经三度修订，为后世留下了集大成之作《汉书西域传地里校释》。全书研究的重点，是西域古国的方位和里距，具体探讨下列问题：“一、《传》文中方位之错误；二、《传》文中刊刻之错误；三、《传》文中之同名异译；四、对《传》文文义解读中的一些问题，等等。”[1] 其论证的广度和深度，超越前贤，博得好评。正如吴丰培先生所说：

> 近人岑仲勉《汉书西域传地里校释》确实超越前人，总结了中外学者研究成果，对于“地”“里”“传”都纠正前人之误，别申己说，有特殊见解，虽未谙古代西域语言，对音译尚有问题，然对于《汉书·西

1　岑仲勉《汉书西域传地里校释》，中华书局，2004年，第3页。

域传》的研究，确实推进一步。[1]

此外，仲勉先生关于《耶律希亮神道碑》之地理人事的考释，以及《读〈西辽史〉书所见》等论文，也都是别开生面，有破有立，为两域史地考证增添了新知。

3. 突厥史

1958年，是突厥学史的一个光辉年度。在西方，刘茂才教授出版了德文本《东突厥汉文史料集》两卷，仅注释就多达1885条。岑仲勉先生于同年出版了《突厥集史》和《西突厥史料补阙及考证》两部巨著，东西辉映，蔚为大观。经过半个多世纪的检验，刘著和岑著均已享誉学术界，成为20世纪突厥学的双璧了。岑氏突厥集史方法科学性极强，于广探博取中力求体现演变与结构相互统一的观念。纵横兼顾，体例完善。其一为史事编年，起西魏大统八年（542），迄唐天宝十四载（755）。经过仔细整合，突厥社会200年的变迁，首尾连贯，一目了然。其二为碑传校注，包括汉文和突厥文碑志，以及突厥本部和属部的列传。岑氏金石证史的卓识和功力，在校注中获得完美的表现。其三为综合论述，即在集史的基础上作出新的探索和概括。如长达数万言的《突厥各

1 《吴丰培边事题跋集》，新疆人民出版社，1998年，第326页。

朝传略》，勾划出突厥从崛起到衰亡的清晰轮廓，开启了治突厥史的方便法门。另一篇论文《外蒙于都斤山考》，则对突厥圣山在中国文献中的20个异名进行梳理和勘同，显示出考证中的通识。仲勉先生的渊博，甚至在突厥史中也能探索艺术史中的悬案，读过《书画鉴赏家之"特健药"》一文，当可悟出所谓"学科交叉"，其实就是融会贯通，并不是单靠人工设计就能达到的学术境界。

（二）实事求是的学术风格

中外史地考证之学，是晚清边疆危机的产物。由于国人和洋人的广泛参与，它很快就从冷门变成显学。它既有传统性，又有国际性，号称难治。面对大量的中外学术著作，岑氏并没有被人牵着鼻子走，他自有其治学之道："余尝以为书不在多，贵能读，读书不在太多，贵能解，否则愈多而愈失所主张矣"。[1] 能读能解，才不至于迷古崇洋，有利于形成实事求是的学术风格。

法国汉学家沙畹于1903年出版的《西突厥史料》，经冯承钧译成中文，被奉为研究中古西北史地的经典之作。岑氏如何看待沙书呢？他作过这样的自白：

1　岑仲勉《金石论丛》，中华书局，2004年，第173页。

往岁梁思永先生（考古学家，梁启超长子）以沙氏书之价值见询，余应曰："此事须分两点立论：从外人观点言之，沙氏之书，价值诚不可侮；从我国学者观之则小异，除西史部分外，中史材料之编纂，直未达到吾人所预期。"梁君颔之。[1]

因此，仲勉先生为了补沙畹的不足，才写成《西突厥史料补阙及考证》。其中如《西域十六国都督府州治地通考》及《庭州至碎叶道里考》诸文，都是在考实中达到创新，发前人所未发。

如所周知，岑仲勉先生对唐代历史文献的研究，曾取法于清代学者劳格的著作，他在金石证史方面的成就，可说是批判继承的结果。以劳格的名著《唐尚书省郎官石柱题名考》为例，岑氏明确指出，应"采劳氏之三长，而去其七蔽"。"三长"指的是：①阐明石柱上下各面应如何相接也；②发见石柱有三刻不同也；③详考郎官诸人事迹，为极好利用之工具书也。至于"七蔽"，即是以下七项缺失：①度中内仍保留祠中各姓名也；②漫泐名位之删除也；③误认再刻为初刻也；④不知将上下两截断面各行之互为连缀也；⑤每曹行数及每行起止之不明也；⑥讳字写法之欠齐一也；⑦往往屈碑刻以从书本也。

1　岑仲勉《西突厥史料补阙及考证》，中华书局，2004年，第1页。

有了如此明确具体的鉴定，仲勉先生的《郎官石柱题名新著录》，便真正做到推陈出新，成为“迄今为止著录郎官石柱题名最为详确的一种”[1]。

在岑氏的学术生涯中，中外史地学考证与历史文献研究并不存在专门史与文献学之间的鸿沟。恰恰相反，正是由于后者作为牢固的根基，前者才能具有令人叹为观止的恢宏气象。《突厥集史》之所以“集”得起来，如果著者不是正史熟，文集熟，金石也熟，显然是无从问津的。

仲勉先生逝世于1961年，作古已经将近半个世纪了。他没有留下什么学术遗嘱，但散见于字里行间的劝学良言，仍所在多有，值得爬梳和整合。按浅见所及，似乎可以归纳出岑氏治史的若干遗训，以备后学者的采择。

一曰不可“专之过早”。《中外史地考证》的“前言”写道：

> 记弱冠时朋辈论学，开首便以专哪一经、四史中专哪一史为问，然而刚能独立研究，基础未厚，便即进入专的途径，论求学程序，似乎是躐等的。清代研究家很少能够全面展开，这恐怕是专之过早

1　劳格、赵钺《唐尚书省郎官石柱题名考》，中华书局，1992年，第12页。

的毛病吧。试看名学者如王高邮父子（念孙、引亡）、德清俞氏（樾），他们的著作都是兼涉群经，成绩辉煌，相信他们的学习，不是开始便专于一部的，史地也不能例外。[1]

基础未厚，惟专是求，终归缺乏后劲，往往从“早专”走向“早衰”，前景堪忧，不足为训。岑氏的这番告诫，在当代治学日益专门化的情况下，尤其值得后学者认真反思。

二曰不可“锢于断代”。岑著《隋唐史》的“撰者简言”，有一段倡导“通识”的现身说法：

历朝制度、名物，每更一姓，虽必有所易，然易者其名，不易者其实。甚至外族侵入，仍有相联之迹（如唐府兵与元怯薛，特勤与台吉，莫离与贝勒等），故每论到典章、文物，非徒略溯其始，抑且终论其变，求类乎通史之“通”，不锢于断代史之“断”。[2]

仲勉先生作为隋唐史专家，对断代史与通史的关系，早已了然于心。他着眼于“溯其始”和“论其变”，旨在匡

1　岑仲勉《中外史地考证》上册，中华书局，2004 年，第 8、9 页。

2　岑仲勉《隋唐史》上册，中华书局，1982 年，第 13 页。

补断而不通之弊，岂只是编撰例言而已。

三曰不可“望文生悟”。在《玉溪生年谱会笺平质》中，他提出一条解读历史文献的“懔戒”：

> 史之为学，不外摹写实状，故必先明了古今之社会实况，然后可以论史。失句误解，以余涉猎，则古往今来著名之旧学家时或犯之，糟粕文言者更势在不免，离乎事实之外而欲求其通，难矣。故欲明了古前社会者，必须先了解古人文字，早挟成见（主观），复凭参悟（演绎），皆论史者所当懔戒。[1]

诚如岑氏所言，失句误解再加主观演绎，如此“论史”，就只有随意性而无科学性了。

四曰不可“以今释古”。在《唐集质疑》中，仲勉先生以郡望问题为例，指出某些“攻学之士”的错误倾向：

> 唐世习称郡望，弗重里居，迨五代离乱，人口播迁，郡望之别就湮，占籍之邦是举，由是李姓者唯号陇西，王姓者只知太原，俗与世移，本不足怪。奈攻学之士，昧于掌故，徒抱现代之观点，尚论古代之民风，弊遂至于格格不相入，学之与用，判然

---

1 《岑仲勉史学论文集》，中华书局，2004 年，第 477 页。

两途，非廓清而沟通之，终无以致学术于光明，且徒耗学子之脑汁也。[1]

岑氏所谓“徒抱现代之观点，尚论古代之民风”，也即以今释古，是一种应予“廓清”的学术病毒。事实上，历史研究的时代精神是一回事，把历史现代化是另一回事，貌似神异，不可不察。但愿当代的“攻学之士”，继承和发扬实事求是的学术风格，与时俱进，脱俗求真，自觉地“致学术于光明”。

1 岑仲勉《唐人行第录》，中华书局，2004年，第437页。

七　一位朴学惇谨的长者

1988年9月初，我应邀赴新疆大学，为历史系研究生讲几星期课。临行前，到医院探望戴裔煊先生。当时他的病体极其衰竭，睁不开眼睛，连话也说不出来。等我从乌鲁木齐回广州，他已经离开人世半个月了。赶不上为他送行，我一直引为憾事。他平日寡言笑，少交游，一心扑在学问上。即使在校园里，也是行色匆匆。我每次上他家去，总见到他戴着老花眼镜伏案工作。他起居简朴，勤于治学而拙于治生。有一次在教研室，临近中午了，他忽然兴叹："要是能发明一种药丸，吞几粒就饱，不知会节省多少时间。"当即被蒋相泽先生顶回去："戴公，吃饭不止是求饱，还有乐趣嘛，您怎么会想得这么绝呀！"只有这一回，我才见到他笑出声来。

戴先生是个外冷内热的人，对后辈一片爱心，我深受其惠，在拙著《唐代九姓胡与突厥文化》的后记中，已经特叙一笔了。限于体例，当时没有详细介绍他对拙文所作的批语。其实，他关于火祆教与萨满教的关系，别有新解，是值得作为遗文传世的。现转录如后：

祆教本身可能杂有早就流行于中亚的萨满教的成分。这一点应该深入研究。

按照希罗多德所说，穆护是米太人的一个部族的名称。这个族的人以做巫师为业，他们发展了中亚的萨满教，有天葬和近亲通婚的风俗。祆教发展于中亚，不是偶然的。祆教与萨满教有源流关系。很有可能，中亚的穆护原来就是萨满。

至于穆护这个名称是怎样得来的，按照希罗多德所说，穆护是部族名，这个名称可能因为其人做穆护而得，不是族名穆护。穆护这个名称原来是阿卡德人称那种懂得占星学和巫术的巫师的通称。这个名称在楔形文字的铭文中有发现，希腊文 magos，古波斯文 magus 都是出于闪语。

在我看来，可能是萨满教发展为祆教以后，波斯人信祆教，用闪语的穆护来代替原来的萨满。

我读过一些宗教史的著作，我觉得他们对于祆教产生的由来及其与萨满教的关系，未能作出很好的说明。这方面大有研究的余地。锲而不舍，可望写出有价值的著作。

假如祆教是从萨满教发展而成，或祆教杂有萨满教的成分，则突厥人接受祆教是比较容易的。因为两种宗教有其共同的地方，接受就比较容易。

戴裔煊先生关于祆、巫关系的上述推断，参照唐宋时代有关祆庙施行“西域之幻法”的记述，使我更加相信这个真知灼见。多年来，我一直把它当作学术上的遗嘱，谨记于心，可惜至今还未能有所表现，真是愧对先师了。

戴裔煊先生是一位有多方面建树的历史学家，对20世纪的中国学术做出过卓越的贡献。他朴学惇谨，既精且博，在平凡、淡泊的学术生涯中，显示出纯正学人的光辉。无论学风还是学问，都足以昭示来者。

戴先生1908年12月28日生于广东阳江，1988年9月12日病逝于广州。自幼力学，工书法，勤记诵，被乡亲誉为“读书种子”。1929年，由中山大学预科升本科历史系，在朱希祖和朱谦之先生指导下，完成毕业论文《南蛮之史的研究》，取得甲等成绩。1934年毕业后，在中学任教数年。1940年，再度进中山大学深造，在研究院攻读硕士学位，至1942年毕业。在朱谦之先生指导下撰写的学位论文《宋代钞盐制度研究》，长达40多万字，对宋代盐业的生产和运销进行历时性和共时性的综合研究，阐明了钞盐制度起源和演变的全过程。这部在中国古代社会经济史方面具有开拓性的专著，1957年由商务印书馆刊行，1981年由中华书局出新一版，博得海内外学术界的好评。牟润孙先生在《记所见之二十五年来史学著作》一文中，对此书赞扬备至：“作者引用宋代著述二百余种，于宋代售盐给钞制度之实现、沿革、官员、地区，以及此制度对国计民生之关系与影响，无不溯其本源，明其流革。考证至为细微，叙述亦颇能得其体要。治宋史与经济史者，苟不洞悉两宋钞盐制度，则宋代政治与社会上若干问题，均不易得其解释。作者斯编实以钞盐制度为中心，对于环绕此制度诸问题，均有极深刻之探讨。”

抗战期间，戴先生由粤入川，供职于重庆的中山文化教育馆，致力于民族学史和西南民族史的研究工作。他广泛搜集中国西南民族的原始文化资料，运用西方民族学的理论和方法，取得一系列开创性的研究成果。关于僚族的渊源及其文化，关于西南民族干栏式建筑的结构和功能，以及棉花和棉织技术的传播，等等，都是在艰难岁月中的精心之作，至今仍有重要的学术价值。

抗战胜利后，戴先生自渝返穗。1946 年至 1949 年任中山大学副教授，兼广东省立法商学院教授。1952 年院系调整后，继续担任中山大学历史系教授，直至逝世。他后半生倾注心力最多的学术领域，一为中葡关系和澳门史，一为中外关系史。其业绩表现出一位历史学家的爱国主义精神，以及才、学、识、德在研究实践中的统一。

戴裔煊先生是中葡关系和澳门史研究的著名先驱，早在 1956 年就开始从事这一领域的研究工作。他曾经夫子自道：“我研究澳门史，就是为了证明澳门自古以来就是中国的领土，中国完全有权收回澳门。”考虑到《明史》的《佛郎机传》是基本历史文献，戴先生辑录相关的中外记载，博考详辨，补阙订误，澄清了历史认识上的种种混乱。关于澳门历史上所谓“赶走海盗”问题，关于葡人入据澳门的年代问题，均因他的精勤探索而真相大白。

中外关系史尤其是海外交通史的研究，几乎与戴先生的整个学术生涯相始终。他早年已考释过“阿拉伯”名称在中国古籍中的转变，中年之后，又以宋代三佛齐重修广州天庆观碑记为中心，阐述了中世纪中国与南海诸国的友好交往和贸易关系。同时，还进一步拓展领域，揭示中国是世界上最早发现和利用石油的国家之一，以及中国铁器和冶铁技术西传的历史。此外，戴先生晚年还完成了一项别开生面的研究，即明代后期的倭寇海盗与中国资本主义萌芽的关系问题。其鲜明的特色，表现在用世界史的通识考察了16世纪中国东南沿海的社会变迁，发前人所未发，恢复了海禁时代海商的历史地位。

戴裔煊先生是一位纯正的学人，无论教学还是科研，其宗旨一贯是有实事求是之意，无哗众取宠之心。他重义轻利，爱护后辈，待弟子如子弟。他经常告诫学生：“读书人要重视操守，不要采取狭隘的功利主义，知识的价值是不能完全用金钱去衡量的。不要把自己的学问当作商品到处吹嘘、叫卖。学问自有公评。用市侩手法做学问，也许会得意于一时，但终归贻误别人，为害自己。”这种肺腑之言，至今仍有警钟作用，切不可当耳边风。

戴先生谦虚谨慎，敬重前辈，尽管自己卓有成就，仍称陈寅恪、陈垣两位史学大师为“二陈老师”。他以教授身份，同自己教过的学生坐在一起，认真倾听陈寅恪先生讲授《元白诗笺证稿》。戴先生的学问和人品，深受寅恪先生器重，获得“后生可畏”的赞语。

戴先生晚年的论著，都是在患高血压的长期病痛中完成的。“焚膏油以继晷，恒兀兀以穷年”“寻坠绪之茫茫，独旁搜而远绍”。他在精神生产中表现出来的“春蚕”式的劳动，给后学者留下了可贵的激励和鞭策。

八　怀念金应熙先生

（一）一位“多面手”的通识

20 世纪 50 年代后期，我在中山大学历史系念书的时候，金应熙先生是风华正茂的少壮派。温、良、恭、俭、让的君子风度，在他身上，隐约可见。学问方面，金先生识古通今、学贯中西，被称为“多面手”，誉满校园。当年的知识界，好用“手”赞人，如“能手”“旗手”之类；如今则称“家”成风，大有“专家”“名家”满天飞之势。物换星移，不可同日而语。事过数十年，“多面手”三字已经陌生化了，使人不容易感受到它所褒扬的分量。然而，金先生治史的通识和通识地治史，我至今依然心向往之，并且随着自己涉水日深，更相信“多面的历史”是只有“多面手”才能胜任的。

金应熙教授一贯重视历史的整体性，反对画地为牢、断而不通。他借用经典语言，经常强调一条学理：“不要忘记基本的历史联系。”对历史专业那种开边切段的课程体系，他是不以为然的。一门中国史，一门世界史，各分古、中、近、现，有接力，无挂钩，有段落，无过渡，势必在历史思维上造成中外分家、古今分家的错觉，名为“通史”，实则不通。缺乏通识，历史感就无从谈起了。因此，无论讲学著书，他都身体力行，考察历史进程中前后、左右、表里、动静的关系，给曾经亲炙的学徒，留下立体感和动态感，令人耳目一新。“历史一盘棋”的境界由“多面手”来演示，并不是偶然的。

金应熙教授治史数十年，尽管常受外界的干扰和冲击，难得长期潜心静虑、从容论学，但终究天道酬勤，仍然卓有建树。除中国史外，他在世界史方面，也有不少成果足以传世。印度古代的宗教哲学，是金先生学术生涯的“情结”所在。他不仅发表过有关“六师哲学”的专文，还深入钻研大藏经里的《金七十论》(自在黑作颂，真谛译)，积累了大量的资料和札记，可惜尚未写定就与世长辞了。他后半生的另一研究领域，是以菲律宾为重点的东南亚史。其中包括对大帆船贸易和“巴朗圭”社会的研究，都是别开生面，富有创获。此外，在中俄关系史方面，金先生也有开拓之功。他在60年代中期所做的实质性贡献，是不应该因为时过境迁而被忘却的。

就时间和空间的跨度而言，金应熙教授的历史研究确实表现出一位“多面手”的卓越性，其博通的学养是他人难以企及的。从自身通识治史的理念出发，他在长期的教研实践中，非常乐于和善于从轨则上进行诱导，让叩问者如坐春风。现就记忆所及，略说一二，借以缅怀金先生对后辈的教泽，重温他金针度人的学术导向。

在那个名为“以论带史”、实则“以论代史”的年代，金先生无论授课还是谈话，经常告诫年轻一代，在知识结构上应力求达到“论、史、具”的统一。他对范文澜“反对放空炮”的倡议，心心相印，津津乐道。为了避免和克服架空立说的倾向，金先生苦口婆心，强调历史知识和语文工具的重要性，缺一不可。这种在今天看来“不在话下”的常谈，当年却是敢冒风险的危言，显示出一位学者的良知。

历次的所谓“史学革命”，焦点集中在唯心还是唯物的历史观上，至于方法论问题，似乎无暇旁顾了。年深日久，重“观”轻“法”，习以为常，成了痼疾。有感于方法论贫乏的后遗症，熟悉传统史学和西方史学的金先生，并未在无奈中沉默。尽管在当时的条件下不能公开演示“十八般武艺”，教人分清什么是内证，什么是外证，什么是孤证，什么是旁证，但他还是理直气壮地倡导“历史与逻辑的统一”，力求挽救方法论被边缘化的厄运，恢复历史思维的平衡。

在如何治史的问题上，金应熙教授以“通识”为依归。即使大风大浪，他也没有放弃论、史、具统一和史观史法并重的原则，这种曾被讥为“书生气”的风度和情操，其实难能可贵。回首当年，对处于风口浪尖的“金应熙同志”，如果缺乏了解之同情，只见其风，不见其格，就未免过于皮相了。

金应熙先生逝世于1991年，虽然已享古稀之龄，实则未尽其才。他的整个生命行程，从早慧到晚学，经历过20世纪的风风雨雨。借用《金七十论》的话语，可以说其中有“喜乐”，有“忧苦”，也有“暗痴”。三者互异，构成矛盾统一体，“相违合如灯”。在我的忆念里，敬爱的金师淡泊名利，甘于奉献，确如学园一灯：点燃了自己，照亮了别人。他鞠躬尽瘁，承先启后，已经达到“水色天光共蔚蓝”之境，可以无憾无悔了。

（二）释“陈门恩怨”

陈寅恪诗集有一首题为《吕步舒》的七绝，作于1952年。字里行间，颇见几分厉色：

> 证羊见惯借粗奇，生父犹然况本师。
> 不识董文因痛诋，时贤应笑步舒痴。

这是院系调整前岭南大学的旧事，别有其人，另有所指，与本文论述的“陈门恩怨”不可相提并论。

若干年来，人们在议论金明馆主人晚年际遇的时候，往往会涉及一宗所谓“陈门恩怨”。它指的是1958年“拔白旗”声中金应熙先生写的批陈文章，即当年《理论与实践》第十期刊出的《批判陈寅恪先生的唯心主义和形而上学的史学方法》。这一年，我奉命下乡劳动锻炼，日夜在田头苦战，没有机会目睹康乐园里形形色色的口诛笔伐，有关情况是事后才知道的。大约是七八月间吧，历史系三名中青年教师被权威人士叫去面授机宜，下达“批陈”任务。据说三人虽不敢临阵退却，但均表示为难，随即被晓以大义：“掌握理论武器，还怕批他不倒！”最后，这项被称为“战斗任务”的苦差事，便落在金应熙身上，因为他在三人中“资历最深，水平最高，了解陈寅恪最多”。金、陈结缘颇早，金是太平洋战争爆发前夕寅恪先生在香港大学教过的高材生。他曾多次旁听过陈寅恪与许地山在课余谈文论学，被视为后起之秀。50年代之后，虽然成了中山大学历史系的同事，但金先生对陈先生一直执弟子礼，毕恭毕敬，从来没有听他说过半个“不”字。金应熙一贯谦卑，尊老爱幼。任何时候，都是和颜悦色对待学生。即使是平居里巷的交往，他也坦诚相见，宽厚待人，绝对不会下井投石的。这一回迫于形势，责无旁贷，不得不违心地往佛头洒粪，以致为寅老所不容，为后人所诟病，确实是值得同情的不幸。

在“兴无灭资”的编年序列中，1958年“拔白旗”可以看作1957年“反右派”的一次余震。这一年的5月

4 日，正值北京大学 60 周年校庆。大有来头的陈伯达在庆典上发出动员令："用马克思列宁主义的批判的革命的精神，继续改造北京大学，建设一个共产主义的北京大学。"随后，一场"拔白旗"运动便像龙卷风一样，自北而南，横扫全国。被当作"白旗"者，也就是日后所谓"资产阶级反动学术权威"，是必须"批深批透批倒批臭"的。"文盲叟"陈寅恪当然不能幸免。40 多年前那种严峻的气候，绝对不能容许任何"弦箭文章"带有温情。既要摆出重拳出击的姿态，又想手下留情，真是苦了金先生。该文的标题突出"史学方法"，这就意味着在"立场、观点、方法"的评价体系中，避重就轻，以免伤筋动骨。至于八股式地套用大量"上纲上线"的流行话语，那根本不是肺腑之言，过来人一看就会明白。文中追溯一下陈氏家世，也是当年惯用的笔法，非如此不足以言"批判"，实属无奈。现在回顾起来，仅仅有一处似乎是"出格"了，这就是把陈寅恪先生 1933 年在《冯友兰中国哲学史下册审查报告》中抒发的真知灼见，即那段关于"二千年吾民族与他民族思想接触史之所昭示者"的卓越论断，硬说成"这种思想在今天，是比较张之洞写《劝学篇》的时候更为反动的"。在新中国的辞典里，"反动"二字的分量沉甸甸，随意动用是难辞其咎的。有人说"金骂过陈反动"，我百思不得其解，现在总算明白，原来是在此处走火入魔。尽管如此，我坚信金应熙先生在"拔白旗”中并没有拔掉自己的学术良心，就在这篇“批陈”的文章中，他仍毫不含糊地声明：“陈先生是我们尊敬的老师。”这就难能可贵了。到“文革”爆发的时候，金应熙被痛斥为“带着镣铐跳舞”，指的就是他“拔白旗”时对陈寅恪未能忘情。

“人在江湖，身不由己。”著名的武侠小说家梁羽生（陈文统）先生深明此理。他是金应熙早年的学生，深知乃师脾性及其身份矛盾和思想矛盾，即“陈门弟子和马列信徒的矛盾”。至于为人之道，他完全赞同岭南校友挽金应熙联语的评价：“亦师亦兄亦友；重学重德重情。”（见《笔花六照》:《金应熙的博学与迷惘》）我与梁先生曾几度会晤，每当涉及这宗“陈门恩怨”，他总是感慨万千，对一代学人的不幸深表惋惜。令人遗憾的是，金先生 1991 年就匆匆谢世了，不然的话，他也许会效法周一良先生，写一篇《向陈先生请罪》（见《陈寅恪与二十世纪中国学术》），表白自己压抑多年的心曲。

对我来说，不仅陈先生，而且金先生，尽管辈分不同，都是“尊敬的老师”。他们均已作古多年，那段令人难堪、难过的“恩怨”，在不明真相的后人眼里，似乎越来越走样，金应熙被想象成一条“变色龙”，未免太冤了。为了对得起两位可敬的死者，我认为这个在特定条件下形成的疙瘩，只宜用寅老自己倡导的“了解之同情”来消解，舍此无他途。换句话说，应当退回到近 50 年前的康乐园，闻一闻“意气风发”的硝烟味，才能与批判者“处于同一境界，而对于其持论所以不得不如是之苦心孤诣，表一种之同情”；不然的话，金应熙先生1958年那番“陈言旧说，与今日之情势迥殊，何一不可以可笑可怪目之乎”？

九　朱公风范长存

朱杰勤先生的学术生涯，穿越过20世纪的风风雨雨，与时俱进，终于从早慧走向辉煌。30年代初，正当弱冠之年，他在学术上已崭露头角，被前辈视为后起之秀。50年代中期，我有幸在中山大学初沾教泽，他风华正茂，可亲可敬，在后辈心目中，成为德学双馨的“朱公”，享誉康乐园。

朱先生长我二十岁，既是师长，又属父辈，堪称不折不扣的“师父”。我虽然听过朱先生的课，读过朱先生的书，但不足以论朱先生之学。力所能及的，只是整合追忆的碎片，连缀成文，浮浅地再现“朱公”具有平民特色的风范，为《朱杰勤文集》传世点燃崇敬的香烛。

朱杰勤是土生土长的岭南人，故乡顺德，一片沃土，既是鱼米之乡，又是文化之乡。晚清以降，这里人才辈出，推动过珠三角的社会转型和知识转型。记得70年代末，有一次与朱先生茶余闲谈，涉及近代岭南的学人学事。我一知半解地说：“顺德真了不起，前有梁廷枏、李文田，后有岑仲勉和您朱公，足以构成一个顺德学派。”朱先生对开宗立派毫不热衷，只是淡淡地回应：“你是外地人，也许可以这样看。我是顺德人，怎么派得起来呢！”言学而不言派，其实就是学界中的正派。

敢于开拓，敢于创新，是朱先生学术风格的鲜明特色。30年代初，陈寅恪先生在《吾国学术之现状及清华之职责》一文中慨叹过：“本国艺术史学若俟其发达，犹邈不可期。”当年刚刚跨入历史学门槛的朱先生，知难而进，独立闯关，经历几年的奋力潜研，便写成《秦汉美术史》，1936年由商务印书馆出版，时年仅23岁。翌年，即应中山大学之聘，主讲“中国艺术史”课程。朱先生的少作及其艺术史的教学实践，似乎已被他在华侨史、东南亚史和中外关系史的成就所掩，渐渐从后人的记忆中淡化了。其实，他那种虎虎有生气的求索精神，是难能可贵的，是应当继承和发扬的。

“近来时世轻前辈”（刘禹锡句）和“我生爱前辈”（龚自珍句），七言加五言，概括了学术传承中两种对立的态度。朱先生“爱前辈”是一贯的，虔诚的，身体力行的。1946年，著名学者冯承钧死于肾脏炎，身后萧条，遗孤待养。朱先生于闻耗之后，即撰写了情文并茂的《纪念冯承钧先生》，并附长达千言的悼诗，内云：“我与君无一面缘，一在岭南一朔北。造诣悬殊所学同，每读君书心莫逆。”朱公悼冯，堪称佳话。我在这里旧事重提，意在表明：敬畏感并非自卑感，对“传灯”是有利无害的。是耶非耶，让年轻人自行识别吧。

朱先生文如其人，人如其名，是一位又“杰”又“勤”的长者。他学兼文史，能诗能文，能著能译。对传统的“国学”和西洋的“汉学”，都有湛深造诣。古籍洋书，并列案头，手不释卷，每当涉及中西互证，便能左右逢源。抗战期间，曾有诗云：“汉学方家戴宏达，郑和知己伯希和。战时朴学殊荒落，珍籍流传海外多。”既如数家珍，又深致感慨。他惯于坐冷板凳，耐得住烦，曾将德国汉学家夏德的名著《中国与罗马东部》用文言文和语体文各译一遍，反复推敲，三易其稿，并冠上古典化的书名：《大秦国全录》。这种于无味中求真味的硬功夫，一般人是不愿为也不能为的。

“读书先识字”，是中国读书人的基本功。韩愈首倡于前，顾炎武重申于后。陈寅恪先生也曾戏称：“《说文解字》就是咬文嚼字。”不咬不嚼，囫囵吞枣，意味着“小学”之功的缺失。朱先生讲华侨史，就是从“侨”字的本义和衍义开始。谈海外交通史，也分析过“舶”字在古代字书中的演变。这是完全必要的，字源与史源并重，不可偏废。一字之差，有时会误了大事。记得70年代末，恢复研究生培养制度，当时朱先生在中山大学兼任导师，收到外省一位报考者的来函，信尾落款的“呈”字写成“逞”字。他火眼金睛，完全排除“笔误”的可能性，斩钉截铁地对我说：“一叶知秋，露出了底，这样的文化程度是不能招收的。”这段令人咋舌的朱公“掌故”，似乎至今还有现实意义。

纪念朱先生，学习朱先生，朱公风范长存。

丙　编

共勉篇

一　为自己的学业进补

今天讲的内容大体分四个问题：一是为什么要进补，二是进补什么，三是边干边补，四是终身进补。就这四个问题，我连着讲。

关于进补，也许有的朋友会说，进补与现在经常讲的充电有什么关系。因为现在很习惯讲“充电”。我的看法是，从字面上来说，进补的概念是本土的，而充电的概念是引进的。我在20年前，便看到“充电”这两个字被用到学术研究上。20世纪80年代初有两本从英文翻译过来的基辛格传记，书上说基辛格在公务很忙碌的情况下，还定期回哈佛大学充电，充实自己。当然他的充电是真真正正地充。现在报纸上的一些报道，声称出现了“充电大潮”，很多白领利用星期六、星期天到高等学校，包括中山大学去充电。这是好事。不过看到报道，我有点不放心：充电者似乎派头太大，什么驾着“奔驰”“宝马”来充电。当然，有钱坐“奔驰”“宝马”未尝不可；不过，将来真正成效最高的，也许是那些挤公共汽车，或骑单车来充电的穷小子。我们使用进补这一概念，与时髦的充电有差别，避免误会为镀金。充电可不是镀金。但走样了，就会变成镀金。进补，所进的东西不会普普通通。打个比方，我们不会到广州街头吃一块烤白薯，喝一碗猪红汤，就说自己在进补。凡是进补的东西，都要比较精。可以说，为自己的学业进补，实际上就是要读名著。我自己有一个体会，而且也向历史系的部分研究生推荐过，就是要读“二陈一钱”的书。“二陈”是指陈寅恪、陈垣，“钱”是指钱锺书。这三位学者都已经过世，他们的名著成为遗著了。我曾经跟研究生开玩笑，说我提倡读他们的书，如果你们不想读，我就来灌，来喂：要灌“二陈汤”，要喂“一钱丸”。如此强调二陈一钱，究竟为什么？下面就他们的学术风格和学术成就的特点，比较详细地讲一讲。

先讲第一个“陈”——陈寅恪的学术风格。照我个人体会，他很注意“发覆”。“发覆”这两个字，在他的著作里经常出现。历史上有一些事物被传统的看法所掩盖，而他把真相揭露出来就是发覆。中国历史上有一位著名的书法家王羲之，大家都知道，王羲之被称为书圣。现在大家如果有机会到绍兴旅游，就会看到王羲之的古迹两处，一是兰亭，一是鹅池。《兰亭序》是他一个很著名的帖，而鹅池是他养鹅的地方。一个书法家喜欢养鹅，究竟是什么道理？从宋代以来就有一个讲法，说王羲之写字跟养鹅大有关系，因为中国的毛笔字写的时候要提肘悬腕，或者叫悬肘提腕；假如不悬肘来写毛笔字，空间就很小，悬起来运转空间就很大。这个与鹅有什么关系呢？手腕的运转可以从鹅头的运动中受到启发。经宋人这么一说，似乎言之成理，世代相承，人云亦云。但是陈先生做了一个新的解释。他不是从写字入手，不是按史书来解释，而是根据医书来说明问题。鹅肉属于一百多种上药的一种，鹅肉药用解五脏丹毒。丹毒与王羲之有什么关系呢？王羲之的儿子是王献之。父子是不能够用相同的字命名，这是中国的规矩。假如要用，就要加一些其他的字来限制它。本来不能这样叫，但是他们恰恰这样叫。到底“之”字有什么意思呢？照陈先生的研究，“之”是天师道世家的一个符号。王家是信天师道的，道教是画符的，而画符就跟书法有密切的关系。比如草书，有时字写得草，就被称为“画符”。历史上的画符，就与书法艺术拧在一块。王氏父子信天师道，而这种道教信徒最热衷炼丹。中国的炼丹，分内丹、外丹。外丹实际就是搞化学药品，如用汞、硫黄等去炼制；内丹则是练气，所以有“意守丹田”之说。现在讲外丹。吃这种丹药，容易受化学药品的侵害，就是中丹毒。中丹毒怎么解？就得吃鹅肉，鹅肉可以排除五脏的丹毒。讲到这里就通了，王羲之是道教中人，道教是炼丹的，为了防止中丹毒，就要经常吃鹅肉。他所以养鹅，就是这个道理；并不是因为他练书法，需要经常看鹅头的活动。这是陈寅恪的一个发覆的事例。过去的人没有这么说，他这么一说，我们听起来满身舒服。道理讲得很深透，令人折服。

第二个“陈”——陈垣。他的特色是“表微”。清代学者刘熙载说过：“史莫要于表微，无论纪事纂言，其中皆须有表微意在。”陈垣先生写了一部重要著作《通鉴胡注表微》，“通鉴”就是《资治通鉴》，司马光的作品。“胡注”是胡三省的注。他这本书不是研究《资治通鉴》，而是研究《资治通鉴》胡三省的注；表微是把他的微言大义挑出来，表其微。陈垣先生的学术风格究竟是怎么回事，我们也可以举例来看。《资治通鉴》记载唐懿宗（唐朝二十个皇帝倒数第四位）时，宫廷里经常摆酒席，酒席叫宴设（现在称设宴，正好反过来），一个月搞十几次，乐工、艺人，还有太监等，与唐懿宗一起吃喝玩乐。这一段记载是揭露唐末宫廷的糜烂。胡三省怎么注呢？他说唐末的宴设就是宋代的排档。陈垣怎么表呢？他征引《钱塘遗事》，这本书讲南宋末年杭州的情况。说当时的宫廷经常举行宴会，太监在其中起了重要作用，在那里搞贿赂、搞政治交易。讲到这里，我们可以知道，“排档”在广州街头成了一种市井风光，原来却是800年前宫廷摆酒的专称。宫廷的事物，有一个向民间扩散的过程。宫廷的饮宴后来往社会上扩散，变成民间的排档。宫廷里后妃养的哈巴狗后来变成民间的宠物。最近播放的电视剧《大宅门》，有专门买来的抱狗丫头，抱的不是普通的狗，是一条哈巴狗，这也是宫廷向民间扩散的一种风尚。

钱锺书的学术风格又是怎么样的呢？钱先生讲他自己搞的学问是要“打通”，即中西打通。别人讲他是研究诗学、比较文学，或者其他种种；但他自己明明白白讲，他是要在中西文化之间打通。他怎样打通？我们举例来看。“拉奥孔”是希腊传世的一座群雕的名称。希腊神话中有拉奥孔和他的两个儿子被蛇妖折磨的故事，群雕描绘蛇缠着他们父子的颈和腰，但还没有被蛇勒死，正处于非常痛苦之中，嘴巴张开，在那里呼救。18世纪的德国艺术家莱辛根据群雕写了一本书，名为《拉奥孔》，论述画与诗的界限。钱锺书有一篇论文《读〈拉奥孔〉》，就是他读这本书后的体会。按照莱辛的理论，绘画也好，文学也好，描写的东西不能到顶点。表现什么或描写什么不能搞尽，不能到顶，那在什么地方停留呢？就是停留在“最富于包孕”的片刻，像拉奥孔那样被蛇缠住，下一步必死，而现在还没死，嘴张开在呼号，处于将死未死的时候，接下来的事情留着你去思考、想象。这个就是艺术创作中一条重要的原理，简称“不到顶点”。现代艺术也这么用，名叫悬念，下一关键情节让你牵肠挂肚。这样的一个理论容易被认为是从西方引进，中国本土究竟有没有，钱锺书就在这里打通。他说中国章回小说“欲知后事如何，且听下回分解”，这种手法也是在最富于包孕的片刻煞住。例如《水浒传》，写林冲被押送到野猪林，押送的人把他绑住，棍要打下去的时候，来一个“且听下回分解”。此外还有说书、弹词都是这样，在最紧要处停下；然后拿一个铜盘在看官面前走一圈，索要铜钱，这个时候看官就会被吸引而掏腰包。

我们提倡读“二陈一钱”的书，其作用类似“进补”，不是直接跟我们研究的课题有关。我们现在搞教学、搞科研，应该去读有关的文献和论著。进补是一天三餐之外的事，好像跟我们没有关系，实际上有很内在的关系。你不去补，体质就要弱；你不进补，将来就得亏。做学问道理也一样，不能够画地为牢。现在有些人画地为牢很厉害。研究中国史的不用管世界史，研究古代史的不用管近代史，古代史中研究文化史的不管政治史、经济史，文化史中研究宗教史的不理会艺术史。圈子越来越小，作茧自缚，自作自受，结果必定是偏枯。其危害犹如小孩偏食：不吃肉，只吃鱼，而且只吃淡水鱼，不吃咸水鱼；淡水鱼里只吃无鳞的鱼，不吃有鳞的鱼；无鳞的鱼只吃鱼头，其他不吃。这样的话，将来还会有路吗？绝对不能这样做，要像水花一样逐渐漫开，将来才有路走，越走越宽广。

刚才讲到“二陈一钱”的著作，陈寅恪和钱锺书都出过文集，陈垣的全集也正在策划出版（《陈垣全集》已于 2009 年由安徽大学出版社出版。——编者）。他们的著作加起来大概 2000 万字。我们如果要进补怎么进？只能选一些来尝。他们的学术风格已略加介绍，现再就他们的著作，选几篇文章讲讲，供大家参考。还是按刚才的顺序。

陈寅恪有一篇文章发表在 1956 年《中山大学学报》，题目《述东晋王导之功业》。王导是东晋一个著名的丞相。当时东晋在北方失败后渡长江到江南一带。这篇文章讲功业，按照一般人的思路，必定会讲他到了南方以后成立什么机构，采取什么措施，任用什么干部，如何轻徭薄赋，等等；但陈寅恪先生没有这样，他只讲形势，就是晋室南渡后面临什么局面。在江南一带，原来有一大群世家豪族。北人过来后如何跟他们协调，协调不好就没有立足之地。王导就通过各种关系，笼络江南一带的世家豪族，以维持东晋在长江以南的统治。讲到末尾，陈先生说写文章时，距离中大不远的客村，正好出土了晋代的墓砖，墓砖上刻有 12 个字："永嘉世，九州荒，余广州，平与康。"陈先生引用这个晋墓资料证明当时能够出现如此局面，是王导的功劳。评论一个历史人物的功业，忽略形势而仅仅讲措施、干部等，思路就显得平庸，100 个人有 99 个这样想，写出来会有什么特色呢？所以写文章时，一定要否定第一方案，很多庸人的思路都集中在第一方案，我们要去掉第一方案，搞第二方案，一直改到最后，一层一层剥下去，剥到没有人到，就是你独到。所以，才有那么一句话：“剥掉数层方下笔。”那样的东西才有新意。

第二篇，陈垣的《从教外典籍看明末清初的天主教》。这一篇受到陈寅恪的高度评价，认为文章所提供的治学方法是金针度人。这篇文章的方法，最突出的就是研究宗教史用宗教之外的书，用教外的典籍。一般来讲，研究宗教史，使用大量宗教的典籍、教徒行传等。陈垣这篇文章是从教外典籍来立论。平常讲旁观者清，就是用旁观者的话来讲这种宗教；教外的人评价才看得出客观性。所谓金针度人，就在这里。

第三篇，钱锺书的论文《诗可以怨》。写这篇文章时，他已经70多岁。他的老同学郑朝宗先生讲这篇文章就是钱锺书五卷本《管锥编》的缩影。读这篇文章就可以认识钱锺书的研究方法、精神面貌和性格特征。文章里讲的是什么问题？我们在日常生活中，喜乐不喜忧；在现实生活中，笑比哭好。但是在文学上，哭比笑好。如果我们现在自己回顾读过的书，或者同一个作者的书，就可以体会到这一点。例如，读莎士比亚的《威尼斯商人》，就没有读《罗密欧与朱丽叶》那么受感动。类似的例子很多。所以，从古希腊以来就有一句话：悲剧才能净化人们的感情。把悲剧的情怀写成喜剧必定失败。当代中国的名剧《王昭君》，把昭君出关的时候写得满怀豪情，好像带有远大的抱负到内蒙古去一样。其实，连杜甫都明白“千载琵琶作胡语，分明怨恨曲中论”。我们应该注意，昭君的故事被称“昭君怨”，没有人讲“昭君喜”或“昭君乐”。不要忘记，昭君是公元前的人，她要去的是公元前的塞北，她在“天苍苍、野茫茫”中能很快乐吗？文学中确实是哭比笑好，悲剧的地位更高。《红楼梦》就是悲剧，毛主席在20世纪50年代末讲中国除了历史悠久、地大物博外，还有一部《红楼梦》。钱锺书讲诗可以怨，里面用大量篇幅来论证为什么悲剧题材特别感人，最能够牵动心灵的题材是悲剧，而不是歌功颂德。

三人各选出一篇文章供大家参考。读了之后，可以拓宽眼界、引发逸兴和开启心智。饭和面包都可以饱肚子，但进补的作用只能是潜移默化，并不是立竿见影。

我们今天立这样的题目来讲，就是为了提倡进补的自觉性。做一个课题，自然会读有关的资料和论著，那不是进补，而是应该读的书。你就是获得博士学位，评了教授以后还得补。也许你可以不补，2001年、2002年还看不出弊病，到2003年就会慢慢贫血。所以，进补的问题很重要，进补在三餐之外，在课题之外。

一个人写书也好，写文章也好，要区别两个东西，一个是抱负，一个是动机。动机显而易见，弄一篇文章出来，可以凑数评职称、得稿费若干等。但这不算抱负。“二陈一钱”的书，是忧患之书，都是有抱负的。有抱负的书才足供进补。有些人年纪轻，说我现在这样壮还要进补吗？朱熹在论学时有两句：“问渠那得清如许，为有源头活水来。”我们讲进补，就是为了让源头有活水。你可以边进补边发表阶段性研究成果。我并不是主张慢慢来。“虽然大器晚年成，卓荦全凭弱冠争。”这两句诗出自清代著名诗人龚自珍的《己亥杂诗》。道光十九年（1839），鸦片战争前夕，龚自珍从北京回到老家杭州，一路写了300多首诗，其中这一首是写给儿子的。说要成大器全靠你在弱冠的时候，也就是20岁左右要赶快争取表现，要崭露头角。这个时候写的东西，将来你会把它当成少作，少作可以是名著。我们不妨中外各举一例。北京大学教授邵循正，他的毕业论文《中法越南关系始末》，河北教育出版社后来作为20世纪中国史学名著出版，是他25岁在清华的硕士论文。当然后来有修订。俄国人杜勃罗留波夫，25岁就死了，著作不多，但很有影响。他有一篇论文名字很有意思：《黑暗王国的一线光明》，在俄国学术界很有地位。

我们边干边补，没有止境，要终身进补。不是30岁可以补，40岁就不补了。六七十岁还要补，老中青都要补，只要命还在，就请补下去。没有哪个时候可以说补够了，不用补了。20世纪60年代中期，毛泽东领导全中国人民向前进的时候，讲过这样的话：“停止的论点，悲观的论点，无所作为和骄傲自满的论点，都是错误的。”

在我们这个时候，这四个论点，尤其“无所作为”这一条，最值得警惕。因为现在评估什么，总是在硬件层面上较高低，或者还有什么项目、经费、获奖之类，但却不注意下过什么蛋，下的蛋是硬壳还是软壳，其实这才是最需要鉴定的。我们有没有想过，自己有什么主观能动性。住豪宅也可以一塌糊涂，随地吐痰，到处是酒罐、易拉罐，缺少的就是一点精神文明。“贫家净扫地，贫女巧梳头。”这是北宋苏东坡的话，南宋朱熹经常引用这两句话来鼓舞贫家子弟，要他们奋发，有出息。贫家清苦并非无为，还可以在“净”字、“巧”字上下功夫。住茅屋可以打扫得非常干净，一进门就舒服。贫女没钱买胭脂，但美容最关键的是发型。这便给你留下一个空间，就看你巧不巧。“任是无情亦动人”（罗隐），我们可以改成“任是无钱亦动人”。硬件不如人家，但我做出来的成绩被人肯定，有什么不光彩呢？相反地，不要让财富成为一个负担。美国著名的富豪洛克菲勒晚年讲过一句话：“我不愿意让自己亲手积累起来的财富成为埋葬子女的坟墓。”所以他后来在美国捐了好多基金。任何学术研究，都不是财富的较量，而是一种智力的竞赛。你养尊处优，肠里脂肪很多，就不会搜索枯肠。有钱买了很多书，买来干吗？买来摆的。我在珠海校区讲过，图书馆不是知识馆，不是进图书馆就有知识。图书不等于知识，图书有钱买得到，知识有钱买不到。因此，图书可以商品化，知识不能商品化；没有听说缺乏知识，可以到街上买两公斤。图书可以属于有钱人，知识永远属于有心人。所以不要在这类问题上陷入盲目性，说我没有钱，我做不成事。固然要有钱帮忙，你现在没钱，等到有人愿意助你一臂之力，到那时就如虎添翼。所以，很重要的是一种积极的精神状态。

读中国古代诗文时，常常会碰到两个概念，一个是“饱学之士”，一个是“俭腹小生”。我们在座的都是非饱非俭，既不是饱学，也不是肚子空空。正因为我们处于非饱非俭状态，所以我们就有一个很大的空间可以等待进补。

（本文为2001年5月18日在中山大学历史系学术讲座的讲演稿）

二　历史是奢侈品还是必需品

——谈历史知识的价值

今天要讲的课题，是有关历史知识的价值。一涉及价值，就很容易跟推销相联系。有人也许会问：你是不是专程从广州坐车来推销历史知识的呢？可以这么说，凡是要推销的东西都属于商品，商品才需要推销。知识不是商品，所以知识不必推销。但图书就要推销，因为图书是商品。图书跟知识不是一回事。学校的图书馆不叫知识馆，是不是？叫图书馆，这是什么意思呢？就是图书里面包含着知识，但并不是碰图书就会有知识。它所包含的知识需要我们去钻研，去掌握，然后图书里面才会出知识。图书可以属于有钱人，但知识永远属于有心人。假如你无心，有钱也抓不到知识。我们大家都是有心人，因为你们辛辛苦苦考上大学，没有心怎么会来这里？开场白就到这里，下面讲三个问题。

（一）形形色色的历史定义

开头想介绍一下过去的人如何给历史下定义，从定义里面我们可以看出历史知识到底是有用还是无用。我这里只是挑选几种定义：

（1）“历史是胜利者的记录”，失败者大概在历史中不会占有重要地位；

（2）“历史是现实对过去的投影”；

（3）“历史是活人为了活人而重建死人的生活”，注意是为了“活人”，它不是平白无故去重建。

上列三种为洋人所言，下面三种则是国人常见的看法：

（1）“历史是一面镜子”；

（2）“历史是阶级斗争的工具”；

（3）“历史是爱国主义的教材”。

这里共六种定义。我们不去评价它们的是非，不比较哪个对，哪个不对，哪个有道理，哪个没道理，只是想说明历史是有用的。“记录”“投影”“重建”“镜子”“工具”和“教材”，都说明其有用。正因为有用，才出现各种各样的说法。我自己还想补充几句，历史不只“有用”，而且还有“威”；这就是我们日常生活中听惯的“历史是无情的”。其意即谓历史是公正的。假如历史没有权威，即使你有情，也只是自作多情。一个人的言行功过要在历史上检验、鉴定；从这个意义上说，历史不仅有用，而且有威。第一个问题就是从各种各样的历史定义中，可以看出历史的价值。不过，这种价值不是一种实用的价值，而是文化上的、精神上的价值。我在1993年发表的一篇文章中说过："历史知识没有任何实用价值。这种超实用性，正是它的价值所在。"下面就来进一步说明这层意思。

（二）历史智慧不是行政对策

在广州也好，珠海或内地城市也好，随着改革开放、经济繁荣，城市常常会出现交通堵塞的现象。交通堵塞的时候，要赶快采取行政措施，如设法使人车分流，或扩大马路等，这些都属于行政对策。在这方面，我们历史学无能为力。假如海珠桥堵塞，来历史系找教师帮忙，这恐怕是找错了对象，我们不可能为这种事情提供行政对策。但在另一方面，就有对策。假如不是交通堵塞，而是"心灵堵塞"的话，历史学就有其作用。所以，我一开始就要大家注意区别考虑。这是一个比方，交通堵塞我们无能为力，心灵堵塞我们要起疏导作用，责无旁贷。那么，究竟历史学的功能何在？就我自己体会，历史学最大的功能无非四个字——知人论世。"人"，不是指个体，而是群体；知人的"人"，是群体的"人类"。

“世”是时代，意思是讲历史能够帮助人们认识人类，认识时代，这是它最大的功能。凡事要从大道理到小道理，从鸡毛蒜皮的小事讲起不合适。

人类社会的发展，有个总的趋势，可以说是从野蛮到文明；就是说，历史的发展表现为野蛮性和文明性的消长，野蛮性越来越少，文明性越来越强，这便是社会的进步、历史的进步。因为人类从动物演变而来，所以人身上有动物性。这种动物性要经过教化，取得社会性之后，人才成其为人。刚从娘胎出来只有人形，将来会变成什么样的人，还是个问号。西方有个说法可以考虑，并非我们要接受：“人是魔鬼和天使的混合物。”你有魔鬼的成分，也有天使的成分；往下去就是兽性，往上去就是神性。我们给这些概念赋予文化内容，野蛮就相当于兽性，文明就相当于神性。当代社会文明程度已经相当高，但野蛮的行为仍然很多。国内也好，国外也好，本地也好，外地也好，还有很多野蛮的行为。在更大的范围，弱肉强食、霸权，都是野蛮的行为。注意到这一点，我们自己就可以摆正位置，就会站在大力推进物质文明和精神文明这一头，这样做就叫顺历史潮流而动。历史的潮流，是从野蛮到文明，整天为非作歹，就是反其道而行之。这个道理，如果我们能想透或参透，我们就可以安身立命。历史知识是人类认识的必需品，而不是发思古幽情之奢侈品。这是关于历史学价值的第一点说明。

第二点说明是：历史有求真的价值。过去究竟发生了什么事，我们要“求真”，去认识历史上有过的这些事。因为历史是要回顾的，所以历史相当于回忆。有人也许觉得回忆可有可无，那可不是这样的。我们整天在回忆，在不同程度上都有回忆。反过来，假如出现“失忆”的情况，就非常可悲。香港的电视片经常表演“失忆”的情节，出现这种情况的时候，总是千方百计，十八般武艺都用上，最常见的，就是找其爱人在枕头边唱只有他们两人在一块时才欣赏的歌，希望给其心灵深处一种震撼。我们经常是小道理可懂，大道理不好懂。比方说“失忆”可不可怕呢？可怕！植物人好当吗？不好当！一个民族“失忆”有什么可怕？这需要“仁人志士”挺身而出，为民族的“失忆”而大声疾呼。大家学近代史都知道，清末那一批人是在大喊大叫：“不要忘记过去。”革命家列宁也曾这样讲过：“忘记过去就意味着背叛。”所以，历史为我们提供了一个回忆的广阔空间，让我们知道过去和现在如何衔接，现在有可能与未来发生什么关系。我们不能够回想起来一片空白。举一个更有感受的事例。我们中国人的衣食住行都受西方的影响。仅“衣”来说，在座诸位没有人穿中国装，个个“西装”，包括我自己在内。恤衫（shirt），现在称衬衣，用来衬西装。中国长期面临西方的挑战，直到今天。这在历史中是一个非常重要的问题。我们要对付得好，对付不好就要吃亏。“西”字包括“二西”，古代指西域，十五六世纪后指西洋。清朝人称其为“二西”。从第一个“西”来讲，回到“衣”，你们如果看一些汉代的石刻或陶俑，可以看出汉代的服装是衣袖宽大，可以装进一个小孩。后来受西城的影响发生变化，衣袖变窄、束身，称为“胡服”。汉服一变为胡服，胡服演变成“唐装”；因为唐代胡化比较厉害。等到近代才出现“西装”，又被称为“洋服”。话分两头说，尽管我们现在个个西装，这只是外部的西洋化，里面包含着一颗“中国心”。大家是不是这样？衣服只是一个外表，你作为一个中国人的本色没有变，还有你的“中国味”也没有变，还是觉得炒粉比蛋糕、面包好。历史上究竟是怎样一回事，它就有一个求真的价值在里面，这个只能往历史里面找。因此，前面才突然爆出一句：我们这里个个穿西装。其实，在座并没有一个穿正式西装的。

在求真问题上，如果不去认真回忆，单靠印象，就要走样。唐朝什么城市最大，当然是长安和洛阳，大家都知道。我们不能身在广州，就把广州也算上。实际上，广州在当时称不上大都市，当时有名的是“一扬二益”，即扬州和成都。近代的扬州越来越不行，只剩下知名的扬州炒饭。但在唐代，它却是很有名的城市。唐诗有云：“天下三分明月夜，二分无赖是扬州。”“十年一觉扬州梦，赢得青楼薄幸名。”还有：“人生只合扬州死，禅智山光好墓田。”连死都要死在扬州，可想当年扬州之盛名。所以说，有的东西在当代退得很远，但我们要想认识那时的历史真实，就得从文献中探求，才不会想当然。长安、洛阳（当时称两京）之外，广州仍算不上，还是得承认“一扬二益”。这是举例说明求真。

第三，历史知识有拓展心灵的价值。个人的经历是很有限的，我们不可能经历很多东西，因为受空间和时间的限制，受自己生命的限制。要拓展心灵，就是到历史上去取得前人的阅历。不是任何事都要亲历，别人的经验对我们同样有重要的价值。历史知识可以扩大我们认识的时间和空间的范围。常说人生百年，实际一般人只活七八十岁，也即只有七八十年的经历。要认识百年，就要借鉴古人的经验。我们不能经历很多，但我们可以通过历史知识来认识外地、过去的情况。这一点道理，不只是识字的人，连文盲、半文盲也懂。如“富日子要当穷日子过”，这一俗语就有丰富的历史经验为依据。还有一句更重要的话：“骄兵必败。”这四个字后面，包含着巨大牺牲。多少血的教训，才换得这一句世世代代教育人的名言。

上面讲的这些知识，并不是它本身就具有导向的作用。英国的培根说过：“知识就是力量。”我们承认历史也是知识，那么历史知识当然也有力量。不管知识也好，力量也好，都是中性的，它们本身并没有倾向性，可以是一种建设力量，也可以是一种破坏力量。你历史知识丰富，可以干好事，也可以干坏事。坏家伙阴谋诡计特别多，因为他知道的历史事例太多。不能抽象地讲知识就是力量，发挥知识的作用，要有正确的导向。“知”和“识”搭配在一起之后，识的重要性往往被冲淡。本来知是知，识是识，识是知的升华。中国历史上有一个很高的标准，叫“有识之士”：有知之士并不高，有文化而已。所以要成为一个“有识之士”，还要注意知识的正确导向。有了正确的世界观、正确的思想方法、正确的思路，知识才能有正当的用途。

要做到有知有识，总归离不开读书。

（三）认真读书，学以致用

读书我们相当熟悉，不过随着年龄的增长，要不断提出新的要求。我曾说过，“读书如交友”，不是交一大片、个个点头打招呼的朋友，总得分出是一般朋友还是生死之交。读书也一样，有一些书非要花力气读，读到能复述它的要点，重要的地方还能背。当然，这只是少量的书。很多书是随便翻翻，了解大概。不能不管三七二十一，名著也好、文化快餐也好，一样地读，徒耗精力。读书一定要分类，按书的价值分类：第一类是奠基性的著作，在某个领域上，是靠这些书打下基础的；第二类是专业上的代表性的著作，所谓一家之言，代表某一类学者的看法；第三类则是流行性的书，了解一下即可，不好随便投放精力。生命本钱无多，乱投资不能收到效益，所以读书要分类。前两类要下大功夫，后一类了解一下就可以了。流行性的书比较容易消化、容易懂，往往拥有大量读者。奠基性的著作有时像天书，单读一遍不行，还要再来一遍，要花力气学。所谓读懂，就是真正明白其意义。跟知识一样，意义二字拼在一起，“意”的含义被冲淡。我们通常了解的“义”，不过是面上的东西，尚未知其究竟。“意”即意旨，是底层的；所以前人读书最高的标准是“心知其意”，非“心知其义”。我们口语常说，话中有话，第一个话是义，第二个话是意。读书不知其话中有话，不明白言下之意，就没有读进去。我们要跟上作者的思路，他整个命题怎样论证，不能断章取义。所以真正读书，要做到读进去，层层深入。平常我们看到一些字，没有引起震撼，因为理解不深、不透。我们识字太多，对很多东西已经失掉敏感能力，历史读多了也会感觉迟钝，对古人的苦难，如“路有冻死骨”，我们往往无动于衷。读书绝对不能概念化。停留在表面，不外是浅尝；只有读进去，才能领会深透。当然读进去，还要出得来。

读书的步骤似乎可以这样分解：选书——读书——

心得——运用——效益。浮光掠影，眼动心不动，是于事无补的。“心得”二字，不要不知它的分量，佛经里说：“过去心不可得，现在心不可得，未来心不可得。”哪一种心那么容易得？读书之后，能心领神会，有几句话表达得与人家不一样，这样的心得就很不容易。有心得之后要运用，然后要看效益。

关于认真读书的问题，希望大家能够花力气，动真格。一辈子没有太多这样的机会，不用考虑别的事情，全脱产读书。一定要珍惜。

把刚才所讲的串起来，就是：我恳切希望大家对历史学的功能取得共识，脱俗求真，学以致用，在21世纪成为“有识之士”。

（本文为2000年10月13日在中山大学珠海校区历史讲座的讲演稿）

三　学风、学位和学问

今天在座诸位，都是攻读博士、硕士学位的人，而我本人却什么“士”也不是，既非硕士，也非博士，甚至连学士也不是（1957 年大学毕业生未授学位），一句话：“我非士也。”勉强要扯上什么“士”，那就只能算是“五七干校”的战士。“文革”期间，中山大学的“干校”在英德茶场，也就是现在英德市的农村，时间从 1968 年底到 1971 年，整整三年，中大教师都在那里。所以我曾与我们系研究生开玩笑：我留“英德”三年，得“战士”学位。真的，从我个人来讲，与“士”无缘；但却另有一种机缘，后来由于工作需要，我参加了培养硕士、博士的工作，在工作过程中有一些体会，今天拿来讲讲，无非是跟大家交换一下意见。

（一）

刚才研究生院院长说过了，我讲的题目是“学风、学位和学问”，作为一个题目来讲，三者是并列的；但是作为一件事情来讲，三者是互相联系的。实际上提出了两个问题，即在优良的学风引导下去攻读学位，取得的学位要有相应的学术含量。三者之间应是这种关系。在这个关系中，又包括了两个问题：第一个问题是“名实相符”，说一个人敢戴硕士帽、博士帽，即这个人就有硕士、博士的学问，这就是“名实相符”。而怎样才算是“名实相符”？各个专业不一样，如计算机系与历史系、中文系，从专业规格来讲就不一样，所以各系各专业对“名实相符”的要求不尽相同，各具独特性。第二个问题是如何做到“名实相符”。这带有普遍性，我着重要讲的是这个问题，即回答要做到“名实相符”，究竟应注意什么。这首先就是个学风问题。

关于学风，有各种不同的讲法。一种流行的讲法这么说：学生要注意学风，教师要注意教风。这样的话，似乎学风是学生的事情。如果按照这样去理解，那就变成各有各的“风”：学生是“学风”，教师是“教风”，管理干部是“管风”，领导干部是“领风”，……这样一种理解，把岗位与学风混为一谈，可能不大合适。

另一种看法则把学风问题看作学习纪律。我看来也不太合适。假如我们讲学风问题，就是讲上课不要迟到早退、准时交作业、考试不要作弊的话，这样的一些问题属于学生守则的问题。如果把学风降低到这种水平，那是非常可怜的。

我个人赞同这样的看法：学风问题从根本上讲是对待知识的态度问题。如何对待知识？真的知识，要使得理论与实践统一。所以，学风问题实际上是一个思想方法问题，大家都是有份的。它是思想性的，而不是技术性的；它是普遍性的，而不是特殊性的。学风覆盖全校，全校共建学风，不能把学风问题推给学生。既然是思想方法问题，就带有全局性和实质性，所以要提倡全校共建学风，才搞得好，才有实效。

那么，我们要求的学风是什么样的呢？可以这么说，我们要求的是一种实事求是的学风。为了做到实事求是，就有许多问题值得注意。刚才讲过了，要“名实相符”，假如不实事求是，怎么能名实相符？所以，名实相符需要有实事求是的学风来滋润它、培养它。

在实事求是的学风下，下列问题最值得注意：

第一是“戒浮”。现在常听人讲，学风很浮躁。浮躁就是轻浮加急躁。一浮躁就不可能踏实，这是前人早已注意到的，并不是我们今天才这么说。清代有一位著名学者，叫钱大昕，他给自己的书斋起名为“潜研堂”。他可不是叫“浮研堂”，“浮”在水面上就“研”不到哪里去！钱大昕注意到“潜”，只有“潜”下去，才能进行脚踏实地的研究。

大家在研究生阶段需要读很多书，要为研究生论文查阅许多资料。平时看见有些研究生整天在读书，并未偷懒。样子是在读书，实际上却是在查资料。从严格意义讲，“读书”不是查书，因为我们不能把名著与一般性的书同样对待。查资料时急急忙忙，从头看到尾，看看有没有自己那个题目要用的，尽量捞上几条来。这样不能算是读书，而是在查资料。读书应该“慢”，而查资料要“快”，这一点像时下很兴旺的旅游。“旅”就要快，尽量缩短旅途；“游”则要慢。由于我国旅游业起步不久，现在两者关系常常倒过来了，即反过来了：“旅”很慢，折腾半天才到达目的地；到了目的地“游”却很快，导游带着转上两圈，就完了。我们读书、查资料应当是：读书要慢，找资料要快。找资料快说明熟练；如果反过来读得很快，查得很慢，必定要撞板。所以，戒浮，就要脚踏实地，处理好快与慢的关系。

第二是“戒俗”。中国古代认为“士”与“俗”是不能相容的。北宋时代有个著名的诗人兼学者，叫黄庭坚，是个江西人，他讲过两句话：“唯不可俗，俗便不可医也。”这把“俗”提到一个相当的高度。问题是：什么是“俗”？这个问题并非今天才讨论。早在20世纪20年代后期，清华国学研究院有四大导师。在座相当部分同学可能都知道，四大导师是梁启超、王国维、陈寅恪、赵元任。其中梁启超住在天津，而另外三位住在北京（当时叫北平）。这三位导师经常见面，曾经讨论这个问题：

何为俗？最后他们同意陈寅恪的看法：“熟就是俗。”这里的意思不是说待人处世很庸俗，也不是说梳妆打扮很村俗。他们所说的“熟就是俗”，指的是一种思维状态，即考虑问题的思路到底俗不俗。我们平时讲“俗套”“套语”，这就是“俗”。假如写一篇文章，里面照着一些非常熟悉的套数，堆积了许多套话，那就是很难有任何创新了。“轻车熟路”绝对不如“披荆斩棘”有意义！你走一条熟路，不过是沿着前人的脚印走；而想创新，就得披荆斩棘，开出一条新路。所以，唐代的韩愈即昌黎先生，讲过这样一句话：“惟陈言之务去。”意思是非排除老一套，就无从创新。任何“炒冷饭”，任何重复劳动，都可以看作“陈言”，看作“俗套”。所以，我们必须强调出新、创新，这对于研究生来说，是一个非常重要的问题。

提倡创新，并不等于说可以乱创。创新是有规矩的，这前人也已注意到了。刚才讲了韩愈的一句话，这里再介绍一句苏东坡的：“出新意于法度之中。”即出新意并非随心所欲，而是要中规中矩。在这个问题上，我们既提倡不要僵化，也主张不要自由化，而是力求理性化。我们要选的是一条理性化、科学化的路。这是我们应注意的。

跟第二点“戒俗”相联系的是第三戒，即“戒甜”。这里的“甜”字要打引号，另有意思，不是中秋节刚吃过的月饼那个甜。我们这一辈在青年时常听到一些长辈说："你们是吃蜜糖长大的。"意思是说在和平环境中成长起来的。既然是这样，就不太知道什么是艰苦。由于"甜""俗"二字相联系，在"甜"里容易滋生两种东西，即所谓"骄娇二气"：一个是骄傲的"骄"，一个是娇嫩的"娇"。在当今部分青年中，"骄娇二气"的势头并未煞下去，而且看起来还在扩张。这个问题很值得注意，因为现在不是吃蜜糖的时候了，现在喝可乐吃麦当劳，那一点蜜糖算个啥？因此应该特别注意。身上一有"骄娇二气"，就会"批评不得，表扬不得"：批评了他就跳起来，表扬了他就软下去。我在历史系多次跟研究生讲，我们不要把别人的鼓励当真，不要把别人的批评当假。因为，任何鼓励，既然"鼓"字开头，必定在程度上会加码的，而只有加码才会起"鼓"的作用。所以，在这个意义上讲，不能全盘接受鼓励。至于不要把别人的批评当假，那是因为许多批评，为了让对方能够接受，都打了折扣。"批评不得，表扬不得"，滋长了"骄娇二气"。在目前这种环境下，尤其值得警惕。"骄娇二气"，意味着弱智，智慧不够才会骄上加娇。一个人有了"骄娇二气"，他的身上就没有任何忧患意识了，孟子讲过"生于忧患而死于安乐"；钱锺书《管锥编》说："人只念救苦救难观世音，何不念救安救乐观世音？"过于安乐，就要出事。

大家如果走出中大西校门，就会看到一家书店，店名叫“学而优”。我想咱们最好把它读为“学而忧”，即学后而产生忧患意识，“先天下之忧而忧”，那就很好。对自己有忧，对未来有忧，你就会去奋斗，就会有责任感、使命感。实事求是的学风，包含着一种“从难从严”的要求，对自己务必“从难从严”要求。这种实事求是的学风，必定要依存于一种务实气质。假如一个人不务实，那就很难求实。在这个意义上讲，我们要自觉地优化自己的素质。

关于优化自己的素质，在这里讲讲对几种现象的看法。若干年来，常听到这样一种说法：要搞自我设计、自我包装、自我推销；说现在实行市场经济了，这些东西少不了。我认为，在这些“自我”之前，可能不要忘了另一个自我，叫作“认识自我”。古希腊有一个德尔菲神庙，庙里有一条著名的神谕，叫作“认识你自己”。我想读过哲学史的人都知道。这个神谕经过苏格拉底的发挥，成为西方古典哲学的一个核心问题，就是说哲学应引导人们去认识自己，这种思想与中国古代讲“自知之明”是相通的。认识自己要有“自知之明”，知道自己的长处、短处，知道自己的优点、缺点，所以自我认识也就是自我解剖。在自我认识的基础上，才来谈设计、包装、推销。要减少盲目性，增强自觉性，就得有这个自我认识。讲到求是、务实时，我认为第一个应注意的问题就是这个“认识自我”。

第二个值得注意的是“闪光”现象：听一些人讲话，常常动辄这个“闪光”，那个“闪光”；看一篇文章，说那里“闪光”；听某人一席话，又说那几句“闪光”。这种讲法很容易迷惑人。对待“闪光”问题，要做实事求是的分析。莎士比亚在《威尼斯商人》中有这么一句话：“会闪光的并不都是金子。”只要真正理解了这句话，那么大家就会对“闪光”有一个明智的态度。举个例子，金色的苍蝇（儿歌唱的“头戴红缨帽，身穿绿罗袍”，即指此物），其实比一般苍蝇还脏。无论是世上还是书上，都有五光十色的现象迷惑人，要提防上当。

最后要提醒注意的是：防止由专入偏。硕士生、博士生和本科生不同，就在于研究更趋于专门化，而不是泛泛掌握一般知识。对所谓专家的含义，有人这样说，就是“对很少的东西知道很多，对很多的东西知道很少”。钱锺书曾说过：“成为某一门学问的专家，虽在主观上是得意的事，而在客观上是不得已的事。”大家虽然还不算专家，但属于专业的后备力量，在这一点上的要求是共通的。教育部、学校多次强调研究生要注意拓宽知识面，就是为了防止出现畸形专家，出现所谓“专家无常识”的情况。所以，大家虽然读某一科，但邻近学科也不要忽略。拓宽知识面，要逐步地拓，由近及远。如文科的，文史哲先联系，然后再到理科的，不要孤立起来。由“专”入“偏”，不是好事情。

总结一下，在学风问题上我们主张什么。我个人认为，比较好的学风就是三句话：实事求是，从难从严，不甜不俗。

（二）

这次讲演，虽然我自己说是谈个人体会，但我终归是扮演一名教师的角色，并不是作为一个学生，来讲学习体会。所以，在今天的发言里，我想顺带谈一个问题，即师生关系。

教师节刚过去没多久，现在新学期也已经开始。在今天这个场合要讲的师生关系，实际上就是导师与研究生的关系。我分成两部分来讲：第一部分讲“不是什么关系”，第二部分讲“是什么关系”。

第一，导师不是保姆。

保姆就是带小孩，包括擦屁股在内的那种阿姨。导师不是保姆，不会采取“包干制”，什么“手把着手来教”啊，什么“送教上门”啊，那种事情是不会有的，也不应该有的。保姆成天跟着，就会养成一种依赖性，就没有独立性了。跟过去人们讽刺末代皇帝一样：“生于深宫之中，长于妇人之手。”软化了，就不能成才了。所以说，第一点，导师不是保姆。

第二，导师不是警察。

导师不需要整天盯着什么。比如我带有三名研究生，二男一女，我整天盯着他们的一举一动，那是不行的；这不是密切师生关系，而是要拉开距离。摆出一副监督者的姿态，就不会有融洽的师生关系。

第三，导师不是老板。

一般来说，理科科研经费多一点。把导师称为老板，听说在理科中比较流行。文科科研经费有限，就那么一点，当不成老板。把导师当为老板，找他“出粮”，把研究生的身份定位为打工仔、打工妹，好像导师雇用了一批打工仔来为他做工，完成项目似的。这样是不行的。如果真的出现了这种情况，应该说是不正常的。

我认为，导师对研究生而言，不是保姆，不是警察，不是老板，也就是说师生关系不是一种包干的关系，也不是一种监督的关系，更不是一种雇佣的关系。

讲了三个“不是”，下面我讲什么才“是”。这是我个人的理解，并不是学校颁布一个什么文件，规定什么叫导师，这样的文件是没有的。

我个人觉得，导师“导”字当头，当一个导师没有别的事情，只是要“导”，不然怎么叫“导师”？导师的工作就是“导”，不“导”就不务正业。

对“导师”二字的含义，我想过很久，想找一个比较扼要的定义。后来果然在佛经中找到了（《释氏要览》卷上《导师》）。当然这个定义不一定绝对准确，但可以供我们的参考。佛经称导师为“引渡人”。很好！因为“引渡人”就是把人从此岸引渡到彼岸，一路上有什么风浪，有什么暗礁，他能够打一个招呼，使人完成顺利的过渡。导师的职责也就在此。

假如导师是“引渡人”，那么师生关系就不是前面所讲的包干关系、监督关系、雇佣关系，而是一种“带路”关系。带路，带你上路，我带你走一百米，我们就“再见”了，你要走一千米、一万米，那是你的事情。导师就是这样，我们的学制也如此规定，三年完成一个学习阶段，而能够“导”、能够“带”，也就是三年；然后你们还要去干三十年，六十年，……万里的路在后头，需要自己去走！

对于师生关系，我们不要去美化，声明他是我的师，我是他的徒，用不着；说某某是“名师”，那就包含着一个潜台词，他的学生是“高徒”，用不着这样去美化师生关系，不需要这种东西。我们不是要美化师生关系，当然也不是去丑化师生关系，需要的是不断优化师生关系。优化师生关系，无非是要达到一个境界。这个境界过去也是常常讲的，叫作“教学相长”。学生上一个台阶，导师也上一个台阶；你当研究生的有进步，我当导师的也要进步，要不就不算“教学相长”。

讲到这里，我要讲的话也就算差不多了。现在是十点多，快到十一点了。我记起了那句“早晨八九点钟”

的名言。我们这一代人受过这段话的鼓舞，而且直到现在我还觉得这段话很好。所以也在这个报告或者说发言将要结束的时候讲一下。毛主席在20世纪50年代讲了这样一段话："世界是你们的，也是我们的，但是归根结底是你们的。你们青年人朝气蓬勃，正在兴旺时期，好像早晨八九点钟的太阳，希望寄托在你们身上。"他寄希望于我们，我们这一辈是从八九点钟走过来的，现在进入下午啦。尽管此时此刻已接近中午，我对大家仍然致以"早晨八九点钟"的祝福。希望大家在新的学年，或者再扩大到新的世纪，能够坚持优良的学风；在这种优良学风引导下，取得学位；而这种学位，又具有相应的学术含量。大家共同为中华民族的全面振兴建功立业！

（本文为2000年9月13日在中山大学2000级博士生硕士生开学典礼上的讲话）

四　研究生的定位与自律

面对着济济一堂的体育英才，我说些什么好呢？还是从自身说起吧。我是1953年下半年考入中山大学的。这年上半年，毛主席对全国青年发出了“三好”的号召，就是“身体好、学习好、工作好”。“身体好”置于“三好”的首位，是因为根据调查，各地大学生身体素质普遍下降，所以特别强调“身体好”的重要性，并相应调高了大学生的伙食费，改善营养，增强体质。身体是学问和功业的载体，缺了这个，“出师未捷身先死”，就变成终身憾事了。体育学院的师生，为“发展体育运动，增强人民体质”做出很大贡献。带头，推动，不遗余力，我是十分钦佩的。

今天的讲话主要包括两方面的内容：一是“定位”，二是“自律”。

首先是研究生在人才工程中的地位问题。有人把三年研究生教育视为大学五、六、七年级，这种看法见量不见质，混淆了人才培养的两个阶段，似是而非，应该加以澄清。顾名思义，研究生“研”字当头，要把培养独立研究能力摆在突出的位置。长期以来，有一句话大家听惯了，也说惯了，就是所谓“培养独立分析问题和解决问题的能力”。至于“发现问题”呢，倒给忘了，这就产生了片面性。其实，认识的全过程，应当先有问题才能分析，经过分析才得到解决。所以，应该是提出问题——分析问题——解决问题，这才算较为全面的理解。忽略发现问题的能力，会使我们的学生养成依赖性，把研究工作当作导师的命题作文，而不是自己去找问题。当然，研究生的选题不是“放鸭子”，导师应该责无旁贷地去“导”。经过导师与学生反复商量讨论后确定的课题，在学生心中扎下根来，才有生命，才有动力。恋恋不舍，念念不忘，像南宋女词人李清照描述的那样：“才下眉头，却上心头。”课题深植心中，才会根深叶茂，取得创造性的成果。

我们的教育历来都不太重视“发现问题”，国外的学者也曾评价中国学生“问题意识薄弱”。强化问题意识，应尽早得到重视。19 世纪俄国学者曾说过：“有教养的头脑的第一个标志就是善于提出问题。”可见这一点非常重要。会提出问题的人必定是会思考的人，所以我们应该用“强化思维，追求卓越”来要求自己。

研究生尽管“研”字当头，毕竟还是“生”，不要忘记自己的学生身份，当然是一个提升了的学生身份。这一阶段有比本科生更高的要求，要“自觉、自知、自律”。

通俗的说法，就是自己提醒自己，自己了解自己，自己管住自己。其中“自知”是核心，就是自己要摸清自己的底，对自己不是一种盲目状态，即所谓“人贵有自知之明”。古希腊德尔菲神庙里有一条神谕：“认识你自己。”它提醒芸芸众生，要认识自己是人，不是神。我们有些年轻的朋友，喜欢强调“自我设计”“自我包装”“自我推销”，往往忽略了最重要的“自我认识”。虽然设计、包装、推销也很重要，但必须有一个前提，就是“自我认识”。认识自己的长、短处，才能够更好地走向社会。孔子有句话说“见贤思齐焉，见不贤而内自省也”，学好样，防坏样，都需要对照。只有在和别人比较后才知道高低，认识自己不是一个人冥思苦想可以达到的。

至于“自律”，这是一个更有约束力和更带实践性的修养问题。讲个小故事吧，元朝浙江有个穷书生，讨了老婆，却没有家底，连早餐也开不了，只好拿布袍去当，换米下锅。太太舍不得这件故衣，穷书生便作首诗安慰她：

典却春衫办早厨，山妻何必更踌躇？
瓶中有醋堪烧菜，囊里无钱莫买鱼。
不敢妄为些子事，只因曾读数行书。
严霜烈日皆经过，次第春风到草庐。

（据田汝成《西湖游览志余》卷二一）

这首诗虽略带“酸”味，但仍流露出人穷志不穷的精神，一二句表现“自谋”，三四句表现“自量”，五六句表现“自律”，七八句表现“自信”。试想想：一个人“只因曾读数行书”，就“不敢妄为些子事”，岂不是不折不扣的自律吗？读书明理，不敢乱来，这就是理性。有理性才会自律。对现代人来说，在“自律”这一问题上，带有普遍意义的一件事是“如何看待成功与失败”。怎样树立良好的“成败观”？可从事业和感情两方面来探讨。

常言道，“失败是成功之母”，就是说失败中孕育着成功的因素，经过失败汲取教训，然后加以改进，最后通向成功。不过，现在倒更应该注意另外一点，即成功也可能是失败之母，一路绿灯，不小心就会翻车。这一条对我们更有敲警钟的作用。“不要给胜利冲昏了头脑”，因为成功也会设下失败的陷阱。

成败观在感情问题上也经常出现。青春期是恋爱的季节，我们当然是“愿天下有情人终成眷属”。不过事与愿违也不罕见，有人得恋，有人失恋，这才是生活。我读大学的时候，风气尚好，从来没有听说有人因为失恋而自杀的。现在生活变好了，人娇了，心灵也变得异常脆弱，经不起风吹草动，经不起一点冲击。一旦失其所恋，轻者疯疯癫癫，重则出命案。20世纪初在北京、上海有一批文学青年，他们浪漫但也脆弱。有一首失恋诗提到：“阿呀阿唷，我要死了。”鲁迅先生看后觉察不对，便有针对性地写了一首拟古的新打油诗《我的失恋》，计28行，我仅记得最后一句是："由她去罢。"这一句也最要紧，就是说要以"平常心"去对待失恋。

今天是教师节，附带讲一讲这个话题，谈点自己的感想。关于教师有很多种说法，20世纪从苏联引进了一个概念，说教师是"人类灵魂的工程师"；本土化的概念说老师是"园丁"，还有说老师是"蜡烛"。假如有人来问我"教师是什么？"，我必定会老老实实地告诉他，教师就是教书先生，执百业之一业，属于老百姓，故又称"老师"。

中国传统文化排过"天地君亲师"的座次，"师"是仅次于父母的人。这话并非没有道理，古时学生被称为"弟子"，女学生就叫作"女弟子"。古代的教育是把弟子"子弟"化，给师生关系打上亲属关系的烙印，是很负责的。教师本是一种社会分工，"为人师"是本职工作。但工作久了以后，易在"为人师"前多了一个"好"字，变成了"好为人师"。一旦多了此"好"，就患职业病了。作为教师也要自律，就是"为人师"而不"好为人师"。

我们反对好为人师，但仍然有一个师生关系摆在那里。唐代的韩愈曾用"传道、授业、解惑"来表示老师对学生的职责。这种单向性兼倾斜性的提法，似乎不如更古典的《礼记·学记》那句"教学相长"，更能优化师生关系。提倡"教学相长"，就是教师在"教"的同时，也从学生那里汲取营养来充实自己，不是单方面的支出和消耗。另外，在与学生交往的过程中，教师还可以推迟自己心灵的老化，因为学生“有朝气”“有童心”。所谓童心，就是赤子之心，纯洁的心，万金难求。师生关系通过这种互动和互补，达到教学相长，在人才工程中也就实现“双赢”了。

（本文为 2004 年 9 月 10 日在广州体育学院研究生开学典礼上的讲话）

五　从答辩谈论文

自从恢复研究生制度以来，每逢夏季，都是答辩的旺季。今年（2003）五六月间，参加过七场论文答辩会，六场博，一场硕，几乎快成为“答辩专业户”了。过目的论文约有二百万字之多，走马观花，既闻花香，又见花病。下面，谈点自己的看法：一是论文要论，二是以文载论。个人浅见，都是针对研究生学位论文的写作情况立说，与时贤的巨著宏文无关，幸勿误会。

所谓“论文”，既然“论”字当头，就非有论不可。文各有体，杂文要“杂”（多彩），散文要“散”（舒展），同样，论文要“论”。有些学位论文只注重理论包装，缺乏实质性的论证。常见的包装方法有三种：一是导论——史实——结论的模式，两头浅论，中间无论；二是征引西方史学名著的片言只语，托庇于韦伯、布罗代尔、汤因比等名家，通过引文来强化自己论文的理论色彩；三是堆砌一些比较流行的概念，如“结构”“整合”“碰撞”之类。假如仅仅靠这些东西，有理论包装而无理论思维，文章就有貌无神，达不到专业化的高度。

学术论文大体上有三个要素，借用桐城派的术语，就是义理、考证和辞章。简言之，即是论、证、文。因此，所谓“论文”，其实应理解为“论证文”。著名的“二陈”陈寅恪先生和陈垣先生的论著，用文言文写，古香古色，义理、考证和辞章，三者俱全。细细体会《支愍度学说考》和《元西域人华化考》，就会觉察他们是“考”中有论的。

历史学属人文科学，通称“文科”。这种省略法，舍“人”取“文”，后患无穷。可不是吗？“天文”断不能忽略“天”，“水文”也不能置“水”于不顾，偏偏“人文”就把“人”字抽掉，莫名其妙。外界的人，一听说某人文科出身，就以为是舞文弄墨的笔杆子，真是天大的误会。其实，人文科学是研究人的，文史哲都是如此。哲学从精神世界研究人，文学从艺术世界研究人，史学则是从历史世界研究人。既然如此，历史专业的学位论文，当然就要知人论世，舍此无他途。

按传统的“四部”（经、史、子、集）分类法，历史学属乙部之学。其文献资源和出土文物，是“汗牛充栋”所无法形容的。家底厚不等于水平高。马克思主义的奠基人曾经说过，任何民族如果想走在世界的前列，就一刻都不能忽略理论思维。在历史研究中，缺乏理论思维相当于患贫血症，岂能等闲视之？有史无思，是不成其为史学的。研究历史不是简单地辑集、排比史料，而是要研究者“在史中求史识”（陈寅恪）。比如一桌饭菜，七拼八凑，没有特色，不属于任何菜系，其文化价值只相当于小菜一碟，比不上西式自助餐。造成今天我国历史学的困境是有历史原因的，“文革”前学术政治化，空论泛滥成灾；“文革”后产生逆反心理，对“论”敬而远之，一心搞实学。这当然未可厚非，不过，我们都知道实学之鼎盛在乾嘉时期，那时的学者自幼就从《说文解字》和“十三经”学起，滚瓜烂熟，后世再怎么努力也恐难超越。今天所强调的“论”不是空论，是实论。对历史论文来说，理论思维并不是装饰性的，而是结构性的。年轻的学生不要盲目地排斥理论，只有具备一定的理论水平才能透过现象去触及历史的深处。

最后，要谈谈以文载论。没有运载工具，卫星上不了天。文字功夫是要练的。洋洋十余万言，遣词造句马虎粗率，几乎找不到一个好句子，叫谁读得下去？平铺直叙，词汇贫乏，句型简单，怎能“载论”！历史学的叙事性和历史学的解释性，是相辅相成的。缺乏叙事智慧和叙事技巧，历史论文就会变成笔下开花的“史论”，达不到摆事实与讲道理的统一。章学诚曾告诫他的学生“文章以叙事为最难”，并加以详尽分析：“叙事之文，其变无穷。故今古文人，其人不尽于诸体，而尽于叙事也。盖其为法，则有以顺叙者，以逆叙者，以类叙者，以次叙者，以牵连而叙者，断续叙者，错综叙者，假议论以叙者，夹议论以叙者，先叙后断，先断后叙，且叙且断，以叙作断，预提于前，补缀于后，两事合一，一事分两，对叙插叙，明叙暗叙，颠倒叙，回环叙，离合变化，奇正相生，如孙、吴用兵，扁、仓用药，神妙不测，几于化工。”（《论课蒙学文法》，见《章学诚遗书》佚篇）叙事贵曲忌直，难怪人们欣赏“曲线美”了。清代学者兼诗人袁枚说过：“天上有文曲星，无文直星。”曲，是客观的，事物本来就曲折、复杂、隐蔽；直，反而是人为的，其结果只能是简单化和表面化。一篇论文由表及里地展开，其表现形式非曲不可，否则就无法反映历史发展的辩证转折了。

六　“大师”小议

概念的滥用，导致事物的贬值。“精品”如此，“大师”也是如此。究竟应该有个什么样的说法？不贤识小，岂敢放言高论？倘若限于在人文科学之内作番小议，则不妨一试。

“大师”之号，既非学位，也非职称。它不能授予，也不能选举或任命，全靠人们公认。“公”也者，非一时一地之誉，它不仅有群体性，还有历史性。因此，“大师”通常不是生前名，而是一个原主业已消逝的身后名。盖棺而后论定！

名气大，部头大，不足以成为大师，更不要说架子大了。孟子说过：“充实而有光辉之谓大。”可知体积和厚度并非精神世界的衡量标准。“大师”之大，自有其大处，也许就是学术能量大吧。请看陈寅恪在《王静安先生遗书序》中怎么说：

自昔大师巨子，其关系于民族盛衰学术兴废者，不仅在能承续先哲将坠之业，为其托命之人，而尤在能开拓学术之区宇，补前修所未逮，故其著作可以转移一时之风气，而示来者以轨则也。

大师评大师，其言实有金汤之固，为后人留下一个经典性的话语：开风气和示轨则，才是“大师”的标志。

异域也有“大师”标准可供参照。奥地利著名作家茨威格，在1933年发表《三大师》一书，凝练、浓缩和准确地刻画出法、英、俄三大师的精神面貌：巴尔扎克、狄更斯和陀思妥耶夫斯基。通过比较之后，他明确宣称：“在文学中那些伟大的跨越界限的人中间，陀思妥耶夫斯基是最大的跨越界限的人。”说到这里，如果把土洋结合起来，似乎可以构成一个比较完整的定义：所谓“大师”，就是开风气的人，示轨则的人，跨越界限的人。既然如此，“大师”是不可能大批投产的，想在大学办什么“大师班”，那简直是教育史上的“天方夜谭”。

“大师”的日子并不好过，他们的生命往往是一首悲壮的歌，甚至是一部殉道传说。陈寅恪先生在《赠蒋秉南序》中，悲苦地回顾了自己的人生经历，几乎一字一泪：

凡历数十年，遭逢世界大战者二，内战更不胜计。其后失明膑足，栖身岭表，已奄奄垂死，将就

> 木矣。默念平生固未尝侮食自矜，曲学阿世，似可告慰友朋。

倾听这样的心声，令人由衷地赞叹：大师啊，你的名字是强人！

把大师置于远离人间烟火的“大殿”，当作偶像来崇拜，这不是“拜倒他”，而是“拜他倒”——正如钱锺书所说。其实，大师并非完人。他既是历史的人，就有历史的局限性。对此，似应采取海涅对路德的那种态度：

> 我们绝不应当抱怨他的观点的局限性。站在巨人肩上的一个侏儒当然能够比这位巨人看得更远，特别是他戴上一副眼镜的时候；然而为了登高望远却缺乏那种崇高的感情，缺乏那种我们无法取得的巨人的心灵。我们尤其不应对他的缺点下尖酸刻薄的断语；这些缺点比成千人的德行对我们更为有用。
>
> （《论德国宗教和哲学的历史》）

“实事求是”是大师治学的原则。翻开乾嘉时代国学大师钱大昕的《潜研堂集》，这四个字几乎触目皆是。学术乃天下之公器，学府的大门是洞开的，但并不等于容许乱闯。智慧女神的猫头鹰，是会检查入门券的：凡持“实事求是”的红票者，迎宾；凡持“哗众取宠”的黄票者，挡驾。

在世俗眼光中，“大师”是块金字招牌，妄想摘取者大有人在。说怪不怪，涉水深者不敢夸耀娴熟水性，倒是沙滩上的弄潮儿自命为“美人鱼”。生活的辩证法令人徒叹奈何，锡绶的《幽梦续影》早就揭露过一种令人啼笑皆非的必然性：“偏是市侩喜通文，偏是俗吏喜勒碑，偏是恶妪喜念佛，偏是书生喜谈兵。”至于“偏是”何方神圣喜爱自戴“大师”帽，限于见闻，我可就“没有调查就没有发言权”了。

小议之余，尚有剩义。遵“疑义相与析”的古训，条列如下，以博众议。其一，“大”之为物，并不是清一色的。华而不实者，也可在“大”之列，只不过莱辛（1729—1781）在《汉堡剧评》中早就奚落过了：“应该称他为庞大的、巨大的，但不是伟大的。因为不真实的东西不会是伟大的。”其二，时议颇重大师和名师，至于良师，则似乎不足挂齿，真是当今一怪。中国的文化传统，确认“良”为上品。故有“良母”“良医”“良将”之说。试问师而不良，大有何用？名有何益？其三，“但开风气不为师”，是龚自珍的自白，也是陈寅恪的志趣（见《朱延丰突厥通考序》）。对这类“学术隐士”式的大师，尽管他们不动声色，后人依然会脱帽三鞠躬，还历史一个公道。

七　对话

日常生活中的聊天和闲谈，似乎不能算是有意识的对话。鸡毛蒜皮，言不及义的话，不对也罢了。至于唇枪舌剑，那是从对抗走向对骂，也与对话无涉。从字面意义上来说，“对话”相当于交换意见，是个体与个体之间的一种了解方式，适用于老中青各个年龄层次。任何对话，均应以诚相见，双方都有君子风度，才免于扯皮，收到切磋之效。

开展正常和经常的对话活动，既谈学又谈心，让它在校园蔚然成风，是大学人文精神的重要组成部分。20世纪初，当陈寅恪和吴宓负笈哈佛大学的时候，这对青年学子就共享过对话之乐。据吴宓1919年4月25日的日记，可见一斑：

> 陈君中西学问皆甚渊博，又识力精到，议论透彻，宓倾佩至极。古人“闻君一夕话，胜读十年书”，信非虚语。陈君谓，欲作诗，则非多读不可，凭空

> 杂凑，殊非所宜。又述中国汉宋门户之底蕴，程、朱、陆、王之争点，及经史之源流派别。宓大为恍然，证以西学之心得，深觉有一贯之乐。为学能看清门路，亦已不易，非得人启迪，则终于闭塞耳。

学问之道，既要独立思考，又要集体研讨。前者为独白，后者为群言，缺一不可，相得益彰。介于两者之间的对话，为什么有吴宓感受到的那种“启迪”的精神效益呢？俄罗斯学者巴赫金在其名著《陀思妥耶夫斯基诗学问题》一书中，揭示出人类思想的对话本质：

> 思想不是生活在孤立的个人意识之中，它如果仅仅停留在这里，就会退化以至死亡，思想只有同他人别的思想发生重要的对话关系之后，才能开始自己的生活，亦即才能形成、发展、寻找和更新自己的语言表现形式、衍生新的思想。

认识的深化和发展离不开对话，古人早悟此理。因此，中外才会有那么多具有对话形式的思想材料流传下来，孔子的《论语》，刘义庆的《世说新语》，以及古希腊柏拉图的《理想国》，都是例证。到了近代，艾克曼的《歌德谈话录》，葛赛尔的《罗丹艺术论》也是著名的对话汇编。可惜，学人的对话传统，尽管在启蒙时代的沙龙和明清时代的诗社中盛极一时，如今似乎变得淡薄，更谈不上发扬了。人们在议论学术环境时常说：要开发资源，要资源共享，似乎指的只是有形的资源，如设备、图书、信息之类。对于无形资源，即储存在个人脑袋里的活资源，则似乎被忽略了。无形资源通过检索是查不到的，必须在对话中才能引发出来。对话在触发悟性方面有无可替代的功能。有个笑话可以用来说明对话如何触发悟性。某位读书人喜欢练字，夜以继日，手不停挥，一心苦练，连在床上都不安静，甚至在他老婆身上也勾勾画画，写起字来。太太不胜其烦，大发牢骚："你有你的体，我有我的体，人各有体嘛。"这句话如雷轰顶，读书人恍然悟出"人各有体"是书法的创新之路。这则有关对话的笑话，如果当作寓言来看待，可以说是寓学理于谈笑的。

对话不是有组织进行的，自由度很高，可以看作一种自由谈。如果板着脸孔，居高临下，对话就变成训话了。《朱子语类》里的对话，只是答疑和解惑，理多趣少。我们不妨看看前辈学者的对话多么有风趣，1932年阴历除夕，年轻的钱锺书与老前辈陈衍（石遗）促膝谈心，轻松对话，录而成文，即著名的《石语》，其中就有一段谈笑风生的妙语：

少年女子自有声香活色，不必涂泽。若浓施朱白，则必其本质有不堪示人者，亦犹文之有伪魏晋体也。

雅人深致的石遗老，于无意中竟吐出一份反美容术的理性广告，其意义已经跨越学术的界限，伸向素质教育了。

有对话，就难免有交锋。禅谈中的机锋，神秘色彩虽浓，却往往触及心灵的深处。其焦点既是分歧点，又是结合点，表现出精神交往的普遍现象。《五灯会元》卷七，论述唐代澧州龙潭寺崇信禅师与某尼一场如下的对话，耐人寻味：

有尼问："如何得为僧去？"师曰："作尼来多少时也？"曰："还有为僧时也无？"师曰："汝即今是甚么？"曰："现是尼身，何得不识？"师曰："谁识汝？"

如上所引，性别问题原是僧尼对话的分歧点。如何化异为同呢？崇信那一声"谁识汝"，无异向她表白："谁知道你是尼是僧？"这样就将"现是尼身"的事实加以否定，引导此尼的认识突破差异性（僧尼）的局限向同一性（释子）过渡，从而达到"凡所有相，皆是虚妄"（《金刚经》）的共识。尽管这是空门的空谈，援以为例，仍不失为对话可以"衍生新的思想"的旁证。

提倡对话，旨在开启学人心窍，同时，也是提倡学术民主，反对“一言堂”，抵制话语霸权。任何对话都是以平等为前提的，谁说出道理，就听谁的；真理在谁手里，就跟着谁走。其鉴别标准与年龄无关，与身份无关，与职称无关，与学位更无关。唐朝人在一千多年前就明白论资排辈妨碍求真的道理，让我们在对话的时候以李商隐的两句诗为座右铭：

沙弥说法沙门听，不在年高在性灵。

八　答客问

几年前，一个明朗的夏天，我正在字里行间漫步，突然电话响了，接通后听到女声发问："喂，是某某某先生吗？"

答："是的，请问是谁？"

问："我是谁不要紧，只想问你，为什么要写那本《尼姑谭》？"（言下之意，不速之客的身份是不说自明了。）

答："想给历史上的尼姑翻案，她们命苦，得不到同情，还往往被人抹黑，真冤。"

问："翻案？你的书有些章节可令人难堪呢，不知抹的又是什么色？"

答："任何人群都不是清一色的，邪姑子与好姑子混在一起，各有各的出家因缘嘛。"

话音未落，传来第二个女声："用不着和人争论，算啦。"问答到此为止，不了了之，阿弥陀佛！

老实说，《尼姑谭》是我在学境边上徘徊的产物，饱含着对弱势群体的同情。偶或涉笔成趣，也是谑而不虐，寓血泪于谈笑，并没有把笔杆变成玩具。下面是《尼姑谭》引言的全文，录以备考，作题解可，作心解也未尝不可。

《尼姑谭》可说是闲书，但并非戏笔。

中国尼姑史，是一个问津者少而又诋诬丛生的领域。在通常情况下，“尼姑”往往被等同于“花禅”或“淫媒”，名声是不好的。什么“禅室偷香”“尼庵私会”，作为传统题材演成话本、戏曲和时调，弹唱于市井，流播于乡间。在说说唱唱中，一部尼史，几乎完全变成艳史了。

任何偏见，一经社会化，就被赋予公论的面貌，世代传承，根深蒂固。自宋代以来，随着封建伦理的强化，尼姑被安排在“三姑六婆”的首席，不断受到俗人的笑骂。甚至梦见尼姑，占梦书也视为不祥之兆：“梦见尼，所为不成。”在现实生活中，妇女与尼姑彻底隔离，成为《教女遗规》的金科玉律：“三姑六婆，勿令入门。此辈或称募化，或卖簪珥，或假媒妁，或治疾病，专一传说各家新闻，以悦妇女。暗中盗哄财物尚是小事，常有诱为不端、魇魅刁拐，种种非一。万勿令其往来！”被放逐于女界之外的尼姑，成了一群不可接触的人，似乎是罪有应得的。凌濛初的名著《初刻拍案惊奇》，就有一段令人惊奇的议论：

> 其间一种最狠的，又是尼姑。他借着佛天为由，庵院为囿，可以引得内眷来烧香，可以引得子弟来游耍。见男人问讯称呼，礼数毫不异僧家，接对无妨；到内室念佛看经，体格终须是妇女，交搭更便。从来马泊六、撮合山，十桩事到有九桩是尼姑做成、尼庵私会的。

凌氏用他凌厉的笔锋，从两方面来给尼庵定性：一是“引得内眷来烧香”，即销金窟也；二是“引得子弟来游耍”，即销魂窟也。一庵两“窟”，双料功能，怎能不“狠”！真是“善哉，善哉”，尼被“泥”化了，变成漆黑一团。

如果说，这是讽世之言，难免有所渲染；那么，以论世为己任的士大夫，又怎样评论中国尼姑之命运呢？清初大诗人朱彝尊的《杂诗》二十首之一，竟然也是用灰色来给尼姑画像：

> 至晋始有尼，入梁俗莫挽。
> 此辈僧易狎，为态亦婉娩。
> 一入富家门，内言出于梱。
> 挟伴湖山游，积金寺塔建。
> 精舍累百区，有司岂能限！
> 宣淫青豆房，饱食香积饭。
> 因之坏风俗，讵可偕息偃。

妇人有妇功，蚕织乃其本。

如何水田衣，娑拖出祇苑！

在朱氏笔下，自东晋到清初1000多年的尼姑史，除了狎、游、淫、食之外，似乎就无事可记了。尼姑从妇女中异化出来，被他不问青红皂白地当作离弃“妇功”的蜕化现象，简直一文不值。这首诗反映出来的尼姑观，很有代表性，也很有倾向性，可说是封建士大夫的共识。它既然立足于礼教和男权，就很难有全面的观察了。事实上，幽幽尼寺，万境千缘，固然有人设骗局，开淫窟，但也不乏善行、深情和睿思，怎能一律扣上“坏风俗”的罪名！

佛教的包容性，带来佛门的芜杂性，原是释氏一个老大难问题。柳宗元在《送玄举归幽泉寺序》中早已指出：“佛之道，大而多容，凡有志乎物外而耻制于世者，则思入焉。故有貌而不心，名而异行，刚狷以离偶，纡舒以纵独，其状类不一，而皆童发毁服以游于世，其孰能知之！”随着佛教日益世俗化，僧尼良莠不齐的情况到明代后期更加严重。净土不净，佛头着粪，确实可悲可叹。出人意表的是，“螺蛳壳里做道场”：本来是败类玷辱了群体，她们的丑行却被好事兼好色之徒加以群体化。于是，“天下尼姑一般黑”的虚构，便成了振振有词的裁判，把一切遁入空门、含辛茹苦的女性，统统打进十八层地狱了。用如此武断和轻薄的态度对待古人，不仅缺乏历史感，而且也缺乏正义感。

尼姑来自芸芸众生。她们之中，大有被侮辱和被损害者在。弱女、弃妇、寡妻、旧宫人，乃至风尘中的卖笑者，这群无告的生灵，要不是绝望，怎么会厌世呢！“霓裳和泪换袈裟”，尼姑史实质上是一部血泪史，浓缩着婚姻悲剧、家庭悲剧和社会悲剧。从总体来说，尼姑不是淫邪的化身，而是苦难的产物。清初的满族作家和邦额，在《夜谭随录》中，对尼姑出家因缘及其心路历程作过如下分析：

> 顾念伊剃度亦有因缘：或多病而误信星书，父母忍心割舍；或早寡而情伤破镜，闺门绝意修容；或失琴瑟之调，逞小忿而乌云辄剪；或抱琵琶之恨，恐中弃而白发靡依。于是礼金粟以向空门，本图忏悔；拥蒲团而课静室，渐觉孤清。暮鼓晨钟，翻出凄凉之响；春花秋月，暗生活泼之机。既而借托钵以延门，每致桑间之约；假安禅而闭户，频来月下之敲。

这些脱离红尘的女性为何又再堕红尘，其中包含着市井之民津津乐道的种种“机密”。表面上这是心理和生理问题，实质上是社会问题，即人性与佛性的冲突。青灯古佛旁，任何时候都不是妇女的世外桃源，这里所能提供的，只是用新的压抑形式（戒律）去代替旧的压抑形式（礼法），并未缔造过什么自由的生存空间。女性出家人的失落感是永恒的，因为，“宗教只是幻想的太阳”（马克思语）。

“嘉孺子而哀妇人”，是《庄子·天道篇》倡导的一种智者的慈悲。尼姑属于不幸的妇人，当然应该在“哀”之列。按个人的记忆，自己与尼姑尽管无缘可言，但寄予某些同情，却似乎蓄之已久。儿时依母，爱跟妈妈上外婆家。沿堤而行，走近村口，榕树荫下有座破败的庵堂，偶尔看见三两个尼姑在里面走动，不男不女，莫名其妙。后来识得几个字，草草读过《阿Q正传》，对那个被阿Q调戏，咒骂他“断子绝孙”的小尼姑，也曾流露过几分同情和悲悯。念大学的时候，有幸赶上听双目失明的陈寅恪教授讲史论诗，又读了他的论文《莲花色尼出家因缘跋》，这才茅塞顿开，晓得应当从梵、汉两种文化的差异中去认识尼姑出家现象。到了史无前例的“破四旧”运动，有一天在广州街头，遇见一个老尼姑正遭“勒令”，当中焚毁自己供奉过的经书和法器。“槛外人”沦为瓮中鳖，欲诉无门。她孤零零地拨着火灰，那副沮丧的样子，那对哀怨的眼神，不知不觉地竟在我心中激起一阵酸楚。直到今天，我还弄不清当年这种奇特的反应，是不是悲人正所以自悲。

从所见所读和所感中，我逐渐地意识到，被扭曲的尼姑面貌应当复原，尼姑史的重建是不妨一试的。不过，在认识的现阶段，还难以作出严格的历史叙述。因此，只能散论漫谈，抒发有关尼姑问题的若干己见。全书三编，或述，或考，或评，终算凑成一个“三合一”的思维结构。流传至今的古代文献，储存着形形色色的尼姑史料，佛书、僧传之外，还有语录、笔记和诗文，以及数量庞大的地方志。甚至石头也不甘沉默，出土的墓志和塔铭，断断续续传来尼姑往事的新信息。所憾识见未广，掌握的事例离详备尚远。更何况，作为一名尘世学人，我的尼姑观其实是相当“空”的，既未到过尼庵实地调查，也无权向佛门女弟子散发“问卷”。有关尼姑史的全部探索，始终跳不出文献的圈子。这本百衲式的《尼姑谭》，尽管想写成随笔性的文字，却依然带着欲罢不能的学院腔，这是要请读者多多包涵的。它的特点和缺点，一言以蔽之，就是“纸上谈尼”。尚祈诸君谅察，谢谢。

九　关于知、识、文的联系和区别

今天我带着一张卡片来讲，这有点返老还童的意思。“文化大革命”以前，也就是40多年以前，还在我青年时代，我讲课常常是带着卡片就去讲的。是不是那个时候马虎呢？不是的。那个年头，关于教学的方式，是可以多样化的。你带着一叠讲稿去念也可以，你带着几张卡片就去讲也可以。但是有一条，要小心，讲错了是要挨批的。至于你是拿讲稿还是拿卡片，是没有人理会的。我那个时候就常常拿卡片，现在也来再现一次吧。今天讲的题目是《知、识、文的联系和区别》。

关于这个问题，讲起来容易无边无际，所以选了三句古话为纲。这三句话是这样的：“为学日益”“为道日损”“为文日老”。“为学日益”“为道日损”这两句出自《老子》第四十八章；“为文日老”这一句的原话是“通会之际，人书俱老”，是从另外一本书借用过来的，那本书是讲书法理论的，叫《书谱》，是唐朝人孙过庭的著作。就这三句话，先就字面的意思说一说，这个“益”字，就是“增益”的意思，只要肯读书学习，知识就会一天天增长。“为道日损”的“损”字，就是“减损”的意思；“为道”的意思是探讨规律性的东西，凡是规律性的东西，你越探讨就必定越精炼，变得越来越少。“为文日老”这个“老”就是“成熟”的意思，写文章越写越老练。字面意思解释完了，下面就按照这个顺序，一句一句说一说。

关于“为学日益”，古代的学者深有体会。他们有个讲法叫作“学如积薪”，“薪水”的“薪”，指木柴；“学如积薪”就是做学问像叠柴一样，慢慢叠，日积月累，从下面叠上去，慢慢叠高。但是做学问的这个叠法，并不是单纯在量上的增长，反正你不能上半年读到下半年，今年读到明年，以为那样天天读学问就会增长。没有那么简单。就好像两只脚在动，可以是前进，也可以是踏步，你说是不是？区别就在这里。随着时间推移，读的书也越来越多，知识总量在增加，这不在话下。

所谓“为学日益”，增益的表现首先是在知识总量；同时，也表现在知识门类的增加。这一点我们尤要注意，就是你知道的不只是某一行、某一个专业的知识，相关专业、相关领域的知识你也要增长。这一条也是很要紧的。否则，就如整天吃饱饭，吃的都是主粮，那样养分还是不够的，吃了大米，还要吃面，吃一些其他的杂粮，还要吃蔬菜瓜果、肉类鱼虾等，这样营养才能充分全面。所以，单纯注意知识总量的增加还不够，还要重视知识门类的增加：这一点常常被忽略。门类的增加意味着什么呢？就是你的知识结构在调整、在充实。就历史学来讲，它本身就有一个中外古今的问题。先不谈专业外的，就是专业内，也有个中外古今。但是，我们现在常常讲，知古不知今，知中不知外；或者反过来，知外不知中，知今不知古。这样就是知识不全面。专业之外，还有邻近学科，就是我们听惯了的文史哲。我以前讲过：历史思维就是理论思维和形象思维的统一。如果搞历史的人，忽略了"哲"，忽略了"文"，历史思维的局限性就很大。但是"哲"和"文"的书这么多，该怎么选择呢？我以前提倡大家读"小红"。听过的同学应该记忆犹新，这个"小"就是黑格尔的哲学著作《小逻辑》，"红"就是《红楼梦》。我认为，假如你觉得专业以外的书太多，那就尽量缩小，缩到一样一本好不好？那就已经是少到不可再少了。黑格尔的《小逻辑》、曹雪芹的《红楼梦》，都是世界著名的古典著作。如果这两本书我们花点力气去读，哪怕只懂三成都不要紧。三成比零好嘛，对不对？读了以后，对促进我们的形象思维、理论思维必定有帮助，而最后落实到提高你的历史思维。

这个意思就是讲到知识总量时，还要注意到知识门类。所谓知识门类，也就是我们常讲的知识结构。但是不管是总量也好，门类也好，终归是个量的问题，还没有牵涉对量的突破，没有牵涉由量到质的转化。只是量的增长，容易出现什么东西呢？就是“熟”，你越搞越“熟”嘛。当然，“熟”比“生”好。你很生疏，里面都认不得几个字，那属于文盲、半文盲状态。我们现在讲的是，单是熟还不够。因为里面一个很要害的问题是：熟是不能创新的。你们可能立刻就联想到一句话，不是说“熟能生巧”吗？你可要知道，是叫“熟能生巧”，里面包含着“巧”的可能性，但不是“熟必生巧”。假如熟必生巧那就好办了，我们搞“熟”就行了，一定会“巧”的嘛，它不是的。“熟”包含着“巧”的可能性，但是并没有必然性。要从“熟”到“巧”，得由量进入质。这就碰到我们要讲的第二句话“为道日损”的问题。因为不单停留在“为学”，还要“为道”嘛。

“为道日损”，是指我们的整个认识要一步一步地减损，即一步一步地提炼，一步一步地条理化，一步一步地核心化。搞到很集中，要不，就不会“损”啦。所以，我们要注意从熟悉到达真知这个距离。刚才讲到《小逻辑》，它的作者黑格尔提出过一个非常著名的学理，正好与我们这门“学理与方法”课对上号了。他说“熟知非真知”。这个著名学理，并不是在《小逻辑》里面讲的，而是出自他的另一本书《精神现象学》。“熟知非真知”这个学理的意思就是：你很熟悉，习以为常的那一种东西，还不是真理性的东西。这些话听起来比较抽象，我们得举个事例说明。譬如说，我们常常会接触到的，什么叫“生”？就是生死的“生”。通常讲，“生就是成长”。人也是这样，生出来后，一天一天长大，生就是成长嘛。这个是我们所熟知的，简直成了老生常谈。但说生就是成长，是不是真知呢？那就未必了。假如你把它看作是真知，那你试试，继续推理，不断地成长，无止境地成长，岂非就会通向永生、不死，是不是？所以，“生就是成长”这样一个说法，作为一个熟知，貌似有理，实际并非真知。那真知该怎么讲呢？这个也是西方的智慧：生就是走向死亡——生就是朝死亡不断地逼近，一天一天靠近死亡。那个靠近死亡的过程就叫“生”。把它再简化，就叫作“向死而生”。我们每天固然在生长，但在前头等待我们的是死亡。向死而生，这个就是真知了。世上万物，包括人在内，只要生出来，它就要死。所以“生就是成长”不过是一个熟知，比不上“生就是逼近死亡”那一个真知。这一类的事例很多，我们举一反三，就可以明白“熟”和“真”的联系与区别。“熟”就是老生常谈，熟视无睹，习以为常，这类东西叫“熟”。所以这个“熟”，必定就是“俗”，是不是？很“熟”的东西就是“俗”。著名的语言学家赵元任，他也是清华国学院四大导师之一，与陈寅恪先生是同事。陈先生的口语，不会是讲得很标准的那一种普通话，但是赵先生认同陈寅恪的一个讲法，就是“熟就是俗”。我们想象一下，shou 就是 su，不知道讲什么东西。实际上写成文字就一目了然：“熟就是俗”。他自己那句很出名的话，就是我们永芳堂楼下大厅那块语录牌：“士之读书治学，盖将以脱心志于俗谛之桎梏，真理因得以发扬。”[1] 将这25个字浓缩，就是陈寅恪主张的“脱俗求真”四字。所以，你不要小看楼下那个语录牌，那个简直就是“系训”啊！校有校训，系有系训，一进永芳堂的大门就看到这个东西。“脱俗求真”，跟我们刚才引用的黑格尔的话“熟知非真知”，意思是一致的。你要求真，就得从很熟的情况下走出来，这个就是古话所说的“由生而熟，由熟而生”。开始时我们是个生手，不懂的时候我们去学，学了以后就熟了。但是熟并没有创造性。你当个工匠，手艺很熟，然而你还得由熟变生，然后才能求到真，这一条是极其要紧的。由很熟悉的东西通向另外一个领域——变生。实际上两个东西都不容易，但是后面这个特别难。由生变熟，由生手变熟手，你想嘛，你要经过多久的努力。当你成为一个熟手以后，便很容易守成，很容易习以为常；这个时候就得提高一步，又得由熟变生。由熟变生这一层次，没有那么容易的。举一个比较通俗的例子吧。现在常常听到一些年轻人讲：“给你一个惊喜。”很多年轻人都喜欢这句话。这大概是从电影或境外的一些节目中学来的。这样一种说

1 陈寅恪《清华大学王观堂先生纪念碑铭》，收入《金明馆丛稿二编》，上海古籍出版社，1980年，第218页。

法，其实有它的理论背景，他们恐怕就不知道了。这里涉及西方一个很著名的艺术理论，叫作“陌生化效应”。这个理论出自俄罗斯，兴起后往西欧传播，变得十分流行，尤其是在戏剧界、电影界产生了很大的影响。通过陌生化效应，才能让你意料不到，才能成为“惊喜”。如果你很熟悉，那怎么会惊喜呢？不会的。要把熟悉的东西陌生化，一旦陌生化以后，就好像是第一次看到。我第一次见到你，就很惊喜了嘛。道理就是这样。还有另外一句话，刚才讲《红楼梦》，那就举《红楼梦》的一个例子吧。林黛玉是怎样去北京的？在苏州坐船，沿着运河北上，然后才到北京，就是从运河那里来了一个林妹妹，这个不会使人家惊喜的；但说成是“天上掉下个林妹妹”，这个就是惊喜啦。陌生化是要通向创新的，那就要舍去老生常谈，舍去习以为常的老套。通过陌生化后，这个“道”才可能逐步减损。比如说，我们了解佛教的知识，同样是“为学”。为学日益，关于佛教的知识，通过读这三类书：佛经，僧传（《高僧传》《续高僧传》《宋高僧传》等），还有一类是教史。读了之后，关于佛的知识，自然就越来越增长；但是还没有“损”，你得慢慢“损”它。“损”到什么程度呢？“损”到最后剩下一个字就够了，这个字是什么？就是“心”，佛存在于自己的心。“损”之前，佛在你“身外”，你之外才有佛，是不是？现在，佛是在你“心中”。身外与心中，这个差别简直太大了。为什么去拜佛呢？因为你把佛看作身外物，所以才去拜它。但“损”得最彻底的是“佛就在我心中”，禅宗最早达到这个认识。所以，禅宗又叫“佛心宗”。佛就是心，你要把心灵上的污染排除干净，最后剩下来的就是佛性。禅宗就这么一回事，所以很讲究修养，而不是光在那里念经，念得很熟，“熟就是俗”，并没有通向佛门那个真知。“佛就在我心中”，用现在流行的话，就是剩下我的心与佛在对话。最虔诚的信徒，就是用心来与佛对话；跟你头发梳得很漂亮、西装革履没关系。只有用心灵来跟佛对话，才能达到那个境界。我举这些事例，也不知道讲明白了没有，但是力求说明一下《老子》第四十八章中的这两句话，就是“为学日益，为道日损”，因为这直接牵涉知识和认识的关系。

接下来就是这第三句“为文日老”。照字面，“老”解释为“成熟”。但实际上，它真正的含义不止是这样。所谓“老”，即是“无心而达”。就是不刻意追求，很自然的，水到渠成的，炉火纯青的，瓜熟蒂落的，这种状态就叫“老”；而不是衰老那种“老”。所以，最好的文章是最自然的文章，不是最华丽的文章。有些人的文章写得很华丽，虽然也有这么一格，但不是最高规格的。最高的一格，即最好的文章，是很自然的。你们大概在中学或大学，曾听过这么一句话：“文章本天成，妙手偶得之。”（陆游《文章》）文章早就做好在那里啦，问题是你是不是妙手，有没有拿到？这个说法当然比较玄，但它说明一个什么问题呢？就是最好的文章，实际上是最自然的，是天工，不是人工。这是我们立的一个共同的目标，大家来努力。实际上，“万丈高楼平地起”，要达到这个“为文日老”，得老老实实甘当小学生，从小学学起。有一句话大家大概也听过：“读书先识字。”这一句话，我记得是唐代的韩愈最早提出的；到了清初，顾炎武又再强调这个“读书先识字”；而陈寅恪先生在清华的时候，也是强调“读书先识字”的基本功，现在看起来，这个问题仍是很值得我们重视的，值得我们遵行。

先从识字讲起吧。中国的字可不简单，因为它是象形的方块字，一个字里面包含“形、音、义”，你先要辨认字形。我们现在还得分清简体、繁体，也就是简形和繁形；在以前，还有古体、俗体（异体）之分。大家走进中大校园的时候，看到小礼堂后立着孙中山先生题写的十字校训——“博学、审问、慎思、明辨、笃行”。这十个字来自“四书”中的《中庸》，所以，中山先生是以古训来做校训。第七个字，是“明辨”的“明”。本来日月为明，但孙先生写成目月为“明”。这个字，我原来也不太理会，直到前年，因为校庆，我自作多情，杞人忧天，担心海内外来人不少，如果突然有一天给谁揪到，说：“孙中山先生是不是写错字啦？为什么日月为明，他写成目月为‘明’？”你得有个解释。所以2004年的时候，我便去查这个字，发现在唐朝的《大秦景教流行中国碑》中，有写目月为“明”的；但单查碑体上的字还不够，因为孙中山是手写的，你还得知道手写有没有目月为“明”的，没有还是不能算数的。好，后来再查，果然查到了。出在哪里呢？出在《郑板桥家书》，郑板桥的家书就有孙中山这种写法，把“明”字的“日”字边写成“目”。所以，首先，我们得搞清字形，究竟是俗体、古体，还是繁体、简体，要搞清楚。

第二个就是“音”。汉字好多是同字异音的，就是可以有不同的读法。比如说“解”字，如果用在姓，读 xiè。“覃”，读 tán，作姓要读 qín。还有一个大家更熟悉的，“费”，本来作姓要读 bì，费孝通（bì xiào tōng）。我小时候，听人还是读 bì 的，但如今大家都通俗化了，读 fèi，如果还仍读 bì 的话，反而听起来不顺耳。汉字的音，不完全是一字一音。这是第二个要注意的。

第三个就是“义”，这更复杂了。我常常讲，测量文化程度有个土办法，就是看对一个字能讲出多少种“义”。一般来讲，对外语单词，假如能够讲到它的第三义、第四义，那已说明你了解得相当多了；但是作为母语来讲，这是不够的，你要充分掌握它的多义性。以最近媒体在炒的“魅力水手”为例。水手两个字不去理它，我们单讲这个“魅”字。“魅”这个字是“鬼”字边的，“鬼魅”嘛！但“魅力”是形容一种好的风度，一种好的状态，说“这个人很有魅力”，绝对不是贬义，而是褒义。那怎么用这个“魅”字呢？它这里是通假，通“媚”字。“媚”字从宋代以后，就不太好听，“狐媚”“妖媚”。但在古代，这个字是形容女性一种很美好的状态，绝对是正面的。如果不是正面的，白居易就不敢在《长恨歌》里讲杨贵妃“回眸一笑百媚生”了。如果那时候“媚”是“狐媚”“妖媚”的意思，岂不是在嘲笑皇帝？但是，对这个“媚”，单从字面上理解，我觉得还没有到位，还得看看一些美学理论家怎样给这个字下定义。著名的美学家朱光潜怎样解释这个“媚”字呢？他说所谓“媚”，就是“流动的美”。哎呀，他这么一解释，这个字就活起来了。静态美并不美，方块美也不美，唯有曲线美才美嘛。这个美是流动的美。这个流动的美，又可找什么来印证呢？摇头摆脑不是流动的美。大家读《西厢记》，崔莺莺与张生第一次见面，要走的时候，她“临去秋波那一转”，那双眼睛，那个目光啊，动了一下，就叫流动的美。所以这个“媚”呢，与泥菩萨、木美人毫无关系。美不等于媚，媚是流动的美。不过，“流动的美”这个概念，不是朱光潜自己想出来的，而是出自18世纪德国著名的美学家莱辛的美学著作《拉奥孔》。

这个是顺带扯开说的。反正我们讲读书先识字，第一个环节就是要辨认字的形、音、义。但是那些字还没有组合，你一个字一个字去学，还是不够的。所以，第二个环节就到了造句。咱们从小的时候就是这样，识了字以后，就要学造句。造句里面有各种词的搭配，搭配恰当，句子才通。这个大家都知道，不在话下。还有一个很重要的问题，就是句型的转换，这个我们常常忽略。假如你句型没有转换，都是那个样子，很单调，很死板，那样也不行。会造句子以后，把一个个句子连成一篇，就是作文。

讲到作文，就不只是词法、句法的问题，还牵涉章法。讲到章法，就与我们诸位要写学位论文更有直接关系了，作文要讲究章法。这个章法，用前人的话来讲，叫“布局谋篇”。就是一篇文章，总体结构怎样？中心在哪里？什么东西是主要的？什么东西是配合的？这些就是布局谋篇。会作文以后，再来著书。我们现在这些人，著书似乎太早了。古人大概是中年以后，甚至到老的时候才著书，因为那时也受印刷条件的限制，老的时候退休，从官场退休回乡，然后再来撰刻一本书。那时代的人，著书一般都是中年后的事。识字、造句、作文、著书，这是一个历程。如果不是一级一级上去，而搞三级跳，即便侥幸跳得上去，往往也会掉下来，得个后遗症，很麻烦。识字、造句、作文、著书，是循序渐进的过程。从讲究形、音、义，到讲究句法、句型，讲究章法；到著书时，讲究的是最高的一法，叫什么呢？最高一法叫“笔法”。这是可意会不可言传的东西，我们有时在书上也看到，说这是“史家笔法”，是不是？什么叫“史家笔法”？像这种东西要领会，可得更费时间精力了。到了准备著书立说时，这个笔法究竟怎么样去掌握？褒贬轻重，微言大义，有比较隐晦的，有比较明显的，里面好多种名堂，很值得我们去注意。大家进入大学以后，学专业知识，至于写作、表达这些事情，已经不太去提了。由于不太提，所以它的重要性就容易被忽略，以为不在话下，实际上问题很多。我们现在趁这个机会，把这个问题突出来讲，主要是要引起大家的重视，使我们的学位论文，从内容到形式能更好地结合起来。近代学者、翻译家严复提出一个标准，叫“信、达、雅”。本来是针对译文提出来的，但我认为，对于论文，这三个字也是完全适用的。第一个字是“信”，信就是可靠、准确，这个是头条。假如“信”这一条没有达到，弄虚作假，怎么“雅”都是没用的。第二个字就是“达”，达就是通达，要表达得很通顺。第三个字才是“雅”。能够在信、达的基础上，写得更美，更动人，这当然是很好的；但“雅”相对来说，毕竟是较为次要的。首先是要准确、通顺，立足于准确、可靠，然后再讲究文采。“为文日老”，最后归结到信、达、雅的问题，里面也还是有轻重之分的，最基本的要“信”。假如弄虚作假，全靠包装，装个雅样，那不过是迷惑人。

我刚才讲的以三句话为纲，三句话的解释就到这里。

最后还是归结到学习的问题。尽管我们这里只是提出标准，而且是高标准。“为学日益”“为道日损”“为文日老”，在座诸位离老还远，但提出“为文日老”，那是个奋斗目标。千里之行，始于足下。我们现在还在学，所以从学开始，又要归结到学。要不，引向“太空”就不好。关于学的问题，最要紧的是在学习的过程中要有取有舍，不能全盘照搬。正如唐诗所说：“十分学七要抛三，各有灵苗各自探。”这里讲到学习，反对全盘照搬，而且给我们定了一个比例关系，即学七抛三。大头还是学的，七成；但是不能都包下来，要舍去三成。所以，我说古人的智商非常高，早就提出“三七开”这个比例。为什么抛三？“各有灵苗各自探”，各人的灵性、能力不一样，但是都要去探讨。这一条适合我们看古人，看洋人，看老师，看同辈，都是这样。

首先是要学习，要学什么东西呢？“天下几人学杜甫，谁得其皮与其骨？”这是苏东坡的诗，他的发问是有针对性的。大家知道，苏东坡是北宋人，中间隔了个五代，前面就是唐朝。到了北宋，很多人已经把杜诗作为样板学习，苏东坡感慨当时学杜之风。皮是毛皮，骨是气骨，也就是实质性的东西。天下那么多人在学杜甫，但究竟哪些人学了他的毛皮，哪些人学了他的气骨？这个区别是极其要紧的。这也跟中国另外一个概念一样，是学其神，还是学其貌？苏东坡的意思是说，学杜甫要学其神，因为一个人如果学其貌，就容易装腔作势。这是在学习的时候一个非常关键的问题。除了前面那一句“三七开”，还有一句，是学其皮，还是学其骨？因为我们也常常会提到，对老前辈，尤其对陈寅恪，怎么学？就像刚才提到的，永芳堂进门就是陈寅恪那条语录。平常讲我们有什么学术传统，怎么学呢？“十分学七要抛三”，落实到这个问题上你该怎么理解，皮和骨的问题如何看待？搞不好，将来就会变成挂在我们嘴边的一个符号，这个符号姓陈名寅恪。《红楼梦》里面有一个贾府清客姓詹名光，实际上就是“沾光”。陈寅恪不是可以给我们沾光的，我们要有个实事求是的态度，陈先生终归是那个时代的人，他的学问也是那个时代的产物，我们到了21世纪再来学他的时候，该如何考虑？“抛三”那个不说，“学七”要学什么？在七分里面，最要注意的就是要学其骨，不要学其皮。

这一席话，从讲“学”开始，然后讲到“知”，讲到“识”，讲到“文”，最后又归结到“学”，实际上是画了一个圆圈，圆圈就是句号，我既然把句号都画了，我的话也就完了。就讲这么多。

附：对提问的解答

认识要提炼，那个过程很难，我搞了大半辈子，才感受到“知易识难”。最高的标准是“识”，所以中国歌颂的是有识之士，不是“有知之士”。“有知之士”很多，但“有识之士”则如凤毛麟角。

有关“益”和“损”的问题，一般“益”比较容易觉察到，“损”就不太容易。已故数学家华罗庚，讲过学数学也有一个把书由薄读厚，由厚读薄的问题，也就是“益”和“损”的关系。会“益”还得会“损”，但只是“损”则不行，会陷于空谈。两个是相联系的。不可能有“识”而没有“知”，但如果仅仅满足于“知”，停留在“知”上，就永远无法提高。

通向创新之路的是由“熟”到“生”。停留在“熟”那里是永远不会创新的。黑格尔为什么讲“熟知非真知”呢？在你“熟”的情况下，你认识的出发点和你的归宿点是固定的，整个认识只是在面上游动，跳不出这个圈圈，深入不到底层，在这种老生常谈、非常熟悉的情况下，从出发点游动到归宿点，又再回去，不会创新，因为它没有办法突破，没法找到新的出发点。不断地重复，还不成老生常谈？

春秋笔法，微言大义，这些只是一种笔法，且受到当时书写工具、条件的限制，刻竹简，文字必须高度提炼，刻上去必是精炼的，才省事且易保存，现在的论著，量是越来越容易达到，但质却未有机制来保障。

“述”与“作”，现在的界线是很模糊的。以前把著书看得很重，而且过去信息不发达，人际关系不很密切，难免重复劳动。著者若觉察到在自己之前已经有人讲过类似的观点，即便刻了版也会删掉，觉得不需要保存。那时的风气、传统与现在不一样。当今没有这种古风，只要不抄你的就行了。你发表你的，我发表我的，如果大家的观点相同，那叫“英雄所见略同”。古人是有同即删，只要你在我前面。所以古人把那一点精神产品看得很高尚，对知识、前辈、传统，存有一种敬畏之心，十分尊重。

有人认为，现在的一些论文不像历史，是史论，缺乏叙事技巧和叙事智慧。通常是挑一个人、一种制度，或一个事件，然后就来评，变成史论。我也觉得是这样的，大量是史论，不是历史，结果很难讲出一个长时段的历史给人家听。讲不清楚，一讲起来就缺少环节。不见系统性，只见跳跃性。这一类事情值得我们注意，因为历史和史论不一样。

真知必定有新意，新意中有没有真知，这是关键所在。否则只是标新立异，新而不真，有什么用！我们要“唯真是从”。

对古人、洋人都要学习，不可缺一。但不能食古不化，也不要食洋不化。

18 世纪的文学家袁枚，也是个美食家，在他的《随园诗话》里，把学问与吃饭拿来比较：“读书如吃饭，善吃者长精神，不善吃者生痰瘤。”这是很恰当的。我们吃了以后要会消化、会吸收。

平常写文章时要多问问自己：我这样写分寸掌握得怎样？因为分寸感是最难掌握的一个东西，增一分则太长，减一分则太短。我们常讲两个字“量”“质”，但没有注意第三个字“度”。“度”即“分寸”“火候”，实际上关系更大。“质”“量”都有，但就是差一点“度”。高明的厨师就是善于看火候，烹调就是由最有经验、水平最高的人来掌握火候，掌握这个分寸和度。读书也好，写文章也好，一定要注意法度，力求有法有度。苏东坡的名言“出新意于法度之中”，应当成为我们的格言。

（本文据2006年6月14日在“学理与方法”课上的讲话录音整理）

十　专门史与通识

（一）“专”与“通”是对立的统一

我们一再强调“专”与“通”的关系，是因为近年来觉得此问题越来越突出。学人观念中“通识”的式微，已经到了见怪不怪的地步了。通识，实质上就是整体观，反映了事物的整体性，这也是事理与学理的共性。观察事物要有一个整体观念，这并非后人凭空想出来，而是事物本身的性质决定的。日常生活中有“牵一发而动全身”的谚语，说的就是这个问题。西方大哲学家黑格尔有句名言：“只是在尸体中才有部分。”举个例子来说，如“手”，只有在整体中才能发挥其作为手的功能。书画方面的理论也是如此，苏东坡早已提出“分科而医，医之衰也。占色而画，画之陋也”之说。这表明，东西方的智者都着眼于从整体来讨论部分。

（二） 学术界前辈的教导

其实，有关“专”与“通”的关系，前辈学者曾经多次提示。

陈寅恪先生明确指出：“国人治学，罕具通识。”[1]

岑仲勉先生也在《中外史地考证》的序言中谈到：“因为每一种科学无不与其他作蛛网式关联，有一点不懂就不能不依赖别人，别人即使是专家，也会犯错的，正所谓牵一发而全身皆动了，故依赖的程度能够减至越低越好。记弱冠时朋辈论学，开首便以专哪一经、四史中专哪一史为问，然而刚能独立研究，基础未厚，便即进入专的途径，论求学程序，似乎是躐等的。清代研究家很少能够全面展开，这恐怕是专之过早的毛病吧。试看名学者如王高邮父子、德清俞氏，他们的著作都是兼涉群经，成绩辉煌，相信他们的学习，不是开始便专于一部的，史地也不能例外。”[2]

钱锺书先生《诗可以怨》也持这种观点：“人文科学的各个对象彼此系连，交互映发，不但跨越国界，衔接时代，而且贯串着不同的学科。由于人类生命和智力的

1 陈寅恪《陈垣敦煌劫余录序》，收入《金明馆丛稿二编》，生活·读书·新知三联书店，2001 年，第 266 页。

2 岑仲勉《中外史地考证》，中华书局，1962 年，第 8—9 页。

严峻局限，我们为方便起见，只能把研究领域圈得愈来愈窄，把专门学科分得愈来愈细。此外没有办法。所以，成为某一门学问的专家，虽在主观上是得意的事，而在客观上是不得已的事。”[1] 成为专家而有“不得已”之憾，这样的学术自觉，能得几人有！

（三）如何才能具备通识?

那么，究竟如何才能具备通识呢?我个人认为，只有将整体观与历史感统一，二者结合才可具通识。

下面拟以安金藏事迹为例来具体说明专门史与通识的关系。2004 年 4 月，为配合“粟特人在中国——历史、考古、语言的新探索”国际学术研讨会，国家图书馆出版了图录《从撒马尔干到长安——粟特人在中国的文化遗迹》。[2] 这本图文并茂的精美图录，展示了我国学者探索粟特文化遗存的业绩，有重要的学术价值。其中有两位学者撰文谈及安金藏事迹。安金藏是武则天时代的一个宫廷乐工。当时，武则天的儿子李旦（即睿宗，玄宗之父）已被指定为接班人，但有传言说他有异谋。武则天

1　钱锺书《诗可以怨》，收入《七缀集》，生活 · 读书 · 新知三联书店，2002 年，第 129—130 页。

2　荣新江、张志清主编《从撒马尔干到长安——粟特人在中国的文化遗迹》，北京图书馆出版社，2004 年。

于是派御史去查办此事。安金藏作为宫廷乐工挺身而出，在御史前拿刀由胸往下切腹，以表明此传言完全是一个诬告，睿宗绝无谋反之心。有的学者据此认为安金藏切腹为祆教法术，来源于粟特人的刺心剖腹幻法。

此说法能否成立？这个问题如果从专门史角度看已经是很专了。我们不妨先看一下他们得出此结论的思路：

第一环是安金藏之姓"安"，"安"为九姓胡之一姓，来源于布哈拉，故为粟特人。

第二环是粟特人信祆教的。

第三环是据记载，祆庙中的祆主行西域幻法，用利刀刺腹。

第四环是安金藏正是用利刀刺腹，是按祆教法术行事，应算作是粟特人在唐代的文化遗迹之一。

类似的念头，我也有过。半信半疑，最后还是排除了。下面，我们来考虑以下的问题：

1. 既是人之事迹，那就要从"人"（安金藏）谈起，注意其家世及信仰。据唐代资料（《新唐书》卷一九一有安金藏传），安金藏为太常工人：太常为一个机构，唐代设有"太常寺"衙门，里面有"太乐署"，主管音乐，养了一批乐工。安金藏即为太常寺太乐署的工人，在有庆典时要负责演出，其演出曲目中有"安国乐""龟兹乐"等，安金藏很可能是负责演奏"安国乐"的。20 世纪 80 年代初，洛阳出土安金藏之父的墓志《唐故陆（六）胡州大首领安君墓志》,[1] 上述图录第 26 页刊出拓片。当中追溯了安氏世系。据志文记载,墓主的曾祖父为达干,祖父为系利,其父缺记,墓主人名菩字萨,其长子为金藏,次子为金刚。达干和系利显然是突厥之名,而菩萨、金藏、金刚则为佛教名,且全为汉译的佛教名。据汤用彤的《佛与菩萨》一文可知,"佛"指已成佛的菩萨,"菩萨"指未成佛的佛。另外,"金藏"指藏经的库房,佛经中形容众生的佛性。"金刚"是金中之刚,金之中最硬最牢最精的那部分(俗语有云"真金不怕红炉火",即是此意)。可见其已经历突厥化、汉化(通过佛教信仰表现出来)。所以由此家世看不出有任何祆教的痕迹。从家庭与信仰来看,安氏家族寄寓六胡州时已经突厥化、汉化了。

2. 人与事相联系。事即此"案",不是普通的刑事案件,乃为唐代大案、要案,要由御史台专办,当时控制御史台的是有名的酷吏来俊臣,他拉帮结伙,专门罗织罪名害人。而且为了方便制造冤假错案,他还主编了一套告密指南——《罗织经》,有几千字,但未留传下来。另外,他还发明了一批很厉害的刑具,并且专设一狱房在长安丽景门,时人因其严酷而称其为"例竟门",意即

1 该墓志于 1981 年在洛阳龙门东山北麓出土,参见《唐故陆(六)胡州大首领安君墓志》,载《中原文物》1982 年第 3 期。六胡州为唐代突厥化的胡人聚落。

照例是要完了。这些事见载于《御史台记》（专记御史台内幕，原书失传，但部分内容见载于《太平广记》，可查《太平广记》卷二六七的“来俊臣”条）。由此可见用祆教幻术来蒙混过关是不可能的。且祆教幻术是不保密的、公开的、可参观的，故西域有此幻法，长安不少人都知道。安金藏敢于挺身而出，应是真刀真枪，不可能是糊弄。武则天认为此人忠诚，令御医救治，所以安最终未死。既有御医参与其事，他的伤不可能是假伤，若属幻术，欺君之罪难逃。

3.“例”（旁证），即：有无他案可供参照？同时代就有相似的例子，见《太平广记》卷二六九的“诬刘如璿恶党”条：“……时来俊臣党人。与司刑府史姓樊者不协。诬以反诛之。其子讼冤于朝堂。无敢理者。乃援刀自刳其腹。……”此与安金藏以刀剖腹一模一样，为了鸣冤，不得不这样做。

4.事后有证。事情过了多年，唐玄宗登基后追思安金藏的忠节，下诏表彰，有《追封安金藏代国公制》，见于《全唐文》。[1]故在此场合，安金藏剖腹表忠，表现的是儒家的“忠”，足见其汉化之深。

以上从人、事、例、证四个方面逐一查证，表明把安金藏剖腹表忠一事定性为粟特人在唐代的文化遗迹是

---

1 《全唐文》卷二三，中华书局影印本，1983年，第270页。

不能成立的。我们可通过此事例来看专门史与通识的关系：研究粟特，是为专门史，而上述四个方面的联系，则属于通识，涉及民族史、法制史、宗教史等。我们得有整体观，才不会孤立地看问题；要有世代感，看到安氏的突厥化、汉化，才不致单凭一安姓便搭上胡俗，以致出现片面的判断。

在历史认识的过程中，只有具备了整体感、世代感，才能区分出不同的文化类型。西域幻法为胡俗（粟特），割耳剺面为蕃俗（突厥），剖腹表忠为汉俗（中国），三者不能画等号。故有了通识后反而使专门史的研究得以更专。

（四）余语

历史认识是一个复杂的过程，稍一不慎就会有失误；学术研究是互切互磋，而不是要去做学术"警察"。我们对他人的失误不是要去讥评，而是去理解其为何会得此认识或结论，结论可否成立，又应如何去思考、论证该问题。即使说错了，但有板有眼，也是"错得可爱"。有时虽对，但无思路，人云亦云，也是"对得平庸"。南宋著名词人辛弃疾（稼轩）有一首关于读书的诗："是非得失两茫茫，闲把遗书细较量。掩卷古人堪笑处，起来摩腹步长廊。""堪笑处"即离奇之处，"起来摩腹步长廊"

表明一种态度，边散步边思考，理解别人为何有此认识，同时也反思自己曾经有过类似念头。我们读书应抱着辛弃疾这种态度。

专门史一“专”，就常忽略“通”，因此往往会出问题，哪怕用了很多资料、信息，也会出现失误，导致“专而不通”，变成“有条无理”。

20 世纪 50 年代，实行双轨教学：中国通史分上古、中古、近代、现代；世界通史也分上古、中古、近代、现代。但世界近代史的开端界定在 17 世纪英国资产阶级革命，而中国近代史的开端又定于鸦片战争，已是 19 世纪中期。相距近两百年，交叉部分讲得不太清楚，让人对世界史和中国史的相互联系等方面产生隔膜。长期以来，只论唯心还是唯物，方法论却被忽略；只讲历史观、世界观，只抓立场，不管方法，认为只要立场对了，观点就对了，就万事大吉了。这个“重观轻法”的后遗症，阴魂未散，短期内是难以消除的。

现在办大学，似乎是管理学凌驾于教育学，此倾向不可不加以注意。本来，十年树木，百年树人，是教育学的基本原理。如今，用管理学培养人，就必定要量化，要立竿见影，尽快见到成果，要追求产量，看表面成绩。考试作弊，已是司空见惯。至于教师科研或教学成果的弄虚作假，也已见怪不怪了。科学研究，本来就是探索未知领域，既然是未知，当然也就无从预期何时能完成，但现在却热衷于限时限刻结项，逼得半成品冒充成品，一般成品冒充精品。呜呼哀哉！衡量科研的成绩，绝不是看他发表多少篇或多少字的文章，而是看他在哪些方面、哪个问题取得哪些进展。先“得寸”，后“进尺”，步调就不会乱了。

专门史研究，从发展的角度看，选题的口径自然是越来越窄。但个人的知识不可只局限于自己研究的范围。教育部也大力提倡要“拓宽知识面，学科交叉”，但并非仅凭一个口号就能实现目标，更不可将其简单化为一个课程设置，以为多开一些课程即可达到。加法不等于乘法，三加三得六，三乘三得九，是不是？“老九”要“与时俱进”，就要及时调整知识结构，力求融会贯通，活到老学到老。

（本文系 2004 年 12 月 20 日“学理与方法”的讲课纪要）

十一　基础课姓“基”

20世纪60年代初，我刚刚踏上讲台，为本科生讲授“世界中古史”。对基础课究为何物，心中无数，不识其味，只好摸着石头过河，边教边学边领会。

世事茫茫，难得巧遇。当时适逢戏剧界公开讨论剧种的共性和特性，流行这样的说法：“京剧姓京”“粤剧姓粤”“潮剧姓潮”，等等。高论妙语，犹如点穴，令外行人也开了心窍。套用同一认识模式，我这名新手竟然悟出“基础课姓基”之理，且惊且喜，至今念念不忘。时过境迁，我告别基础课已经多年了，现在还有所言说，无非是追忆和浮想，与退院老僧现身说法完全是两码事，幸勿误会。

学问的知识结构离不开基础，前人早有明言。宋代的思想家和教育家朱熹，曾对此大声疾呼，堪称苦口婆心的“基”叫：

> 识得道理原头，便是地盘。如人要起屋，须是

先筑教基址坚牢，上面方可架屋。若自无好基址，空自今日买得多少木去起屋，少间，只起在别人地上，自家身已自没顿放处。

须就源头看，教大底道理透。阔开基，广开址。如要造百间屋，须着有百间屋基；要造十间屋，须着有十间屋基。

学须先理会那大底。理会得大底了，将来那里面小底，自然通透。今人却是理会那大底不得，只去搜寻里面小小节目。

譬如登山，人多要至高处。不知自低处不理会，终无至高处之理。

（均见《朱子文集》卷八）

800多年过去了，重温朱老夫子那番“地盘”说、“屋基”说和“登山”说，对于认识基础课的重要性，犹如“夜半钟声到客船”，是不宜当作空穴来风的。

历史专业的基础课，主要是两门通史，一中一外，齐头并进。通史犹如素描，讲的是基本的历史联系，基本的发展阶段，基本的典章制度，基本的时、地、人、事。它只画轮廓，不描细部。讲课人要全局在胸，有比例感和分寸感，即使学有专长，也不能在讲通史时别有所恋，将自己的专题研究搬上去表演一番。要记住，在百鸟朝凤的场面中，解剖麻雀是不伦不类的。

按现行的课程体系，无论中国通史还是世界通史，都是古、中、近、现四段，分人主讲，你唱罢来我登场。至于两门课程的衔接处，就无人站岗放哨了。人们对“代沟”津津乐道，对“课沟”熟视无睹，真是咄咄怪事。通史之设，原是为了培养全景式的思考，并非教学生切蛋糕。课程之间，画地为牢，没有上挂下连，欲求“通识”，就无异水中捞月了。

讲基础课，犹如老生常谈。要谈出新意和韵味，谈何容易。课时进度的制约性极强，没有选修课那样的伸缩性，难怪新出道者厌“基”喜“选”了。对历史专业的本科生来说，什么秦皇、汉武、唐宗、宋祖，还有成吉思汗、马可波罗，在中学里已听过了，再喂冷饭就无味了。怎么办？棋子(史实)是旧的，棋局(史识)却应当是新的，这就构成对历史基础课教学的严峻考验。出路何在？不在添油加醋，不在节外生枝，而在提高听者的历史认识，从现象透视本质，输入比从前更深更活的历史感。标榜新视角，罗列新概念，未必于事有补。最要紧的似乎还是那句老话：“画龙点睛。”以学术史为例，王国维就给后人作过这样的示范：“国初之学大，乾、嘉之学精，道、咸以降之学新。”大、精、新三字，确实把清代国学三变说活了。至于唐代杜牧的两句诗：“大抵南朝皆旷达，可怜东晋最风流”，也同样有“点睛”之功，对六朝文化的时代精神作出高度的概括，既易懂，又好记。

基础课包含着基本功，这也是它姓“基”的另一侧面。回首往事，“以论带史”的年代留下了重观（历史观）轻法（方法论）的后遗症，叫人长期吃方法论贫乏的亏。事到如今，每逢研讨，十八般武艺固然谈不上，基本功架也未必站得稳，确实相当狼狈。看起来，在基础课教学中强化方法论的训练，已经刻不容缓了。按个人浅见，与其“天女散花”式地发布信息和动态，寄希望于激活思维，还不如切实一些，反复演示历史考察的基本路数：前后，左右，表里，动静。换句话说，纵向分析，横向分析，形式内容，动态静态，应当作基本功来操练，就像摸、爬、滚、打一样。

在过去的半个世纪里，历次的“史学革命”，都是以基础课即通史课为主战场，硝烟滚滚，杀气腾腾。全部战略战术只有一个字，就是“破”：破“英雄史观”，破“史料挂帅”，破“王朝体系”，破“让步政策”，真是孤明先发，比“破四旧”还先行一步。然而，实践证明，破易立难。“惊破霓裳羽衣曲”之后，已经无歌可唱了，人们于是从咆哮声中觉醒，寻回失落了的“基”调。“文革”期间，有人在“五七干校”请教一同干活的著名学者胡绳：“哪一部关于中国历史的书可读？”他说：“邓之诚的《中华二千年史》。”（见《思慕集——怀念胡绳文辑》，第 54 页）这简直是爆炸新闻，石破天惊，太发人深省了。《中华二千年史》原名《中国通史讲义》，出版于 1934 年，是著者任教北京大学、燕京大学的教材。该书“体裁略依纪事本末之例”“自信斯编颇重史实”，尤重世系、制度、地理、学术和生计。我想，以胡绳的卓识而竟钟情于邓《史》，大概是因为这部冷藏多年的旧书老老实实吧，其中见不到任何花言巧语，也没有放言高论。全书立足于“基”：中国历史的基本史实和基本轮廓，靠得住，信得过，因此，才值得那么郑重推荐。是耶非耶？不必强求认同。至于我自己，则在多元化的迷茫中，依然“守伧僧之旧义”，相信基础课姓“基”。

十二 《圣婴断奶图》的启示：告别教科书

《圣婴断奶图》是16世纪意大利文艺复兴时期的名画，作者柯勒乔（Correggio，1494—1534）。在这幅宗教题材的人物画里，耶稣基督躺在圣母玛利亚的怀中，眼睛犹疑地望着母亲的乳房和递过来的一只梨，不知该选择两者中的哪一个。西洋画和我们国画不同，没有题画诗，画中的涵义需要观众自己来解读。德国诗人歌德曾对此画作如下阐释：这幅画是人生某个阶段的象征，但是这幅画又是永恒的，“它追溯到人类的最早时期，也面向着人类的未来”。这个时期的圣婴正处于长乳牙的阶段，即将告别吃奶的日子，进入吃梨的时期。

以上就是《圣婴断奶图》的画面和意义，学习的道路也可以从这幅画得到启示：入门类似吃奶，然后去创新，也就是吃梨。任何专业的入门，总是从读教科书开始，正如人生从吃奶开始。中国古代的学童读蒙学书，西学东渐以后才有教科书。光绪二十五年（1899），textbook一词在中国首次意译为“教科书”，指分科传授知识的课本，与《三字经》之类的综合性读物大异其趣。到了20世纪初，开始分科编写教科书，主要为了传授某个学科的知识，如语文、算术、常识、自然等。教科书的编写从结构上要求简单明了，把最基本的知识教给学生；同时要按照规定的教学计划安排有关章节。我们可以用三个字来形容历史教科书，即"简、匀、平"。简，是指内容简单，从古到今选择若干件大事来讲，其他的不讲；匀，是指各个部分比例要均衡，绝对不能出现一章2万字一章2000字的情况；平，是指平铺直叙，见不到迂回曲折。这种"简、匀、平"的教科书容易被掌握和记忆，但是不能反映历史的复杂性、不平衡性和曲折性。

历史教科书虽有领人入门之功，却无带人上路之力。因为，其中包含的思维模式相当原始，只是机械的而不是能动的认识机制。大体而言，弱点如下：首先是有年代没有时间。年代只是一个数字，而时间是有快有慢的。教科书只列出年代，没有办法描述这种快慢的节奏，例如只是告诉你公元476年西罗马帝国灭亡，或者1851年太平天国运动爆发了。其次是有地点没有场景。历史教科书中提到长安、洛阳、开封、扬州，只是一个地点，看不出地形、地物，无从知晓天街御路和绿杨城郭。其三是有人名没有人物。张三也好，李四也好，都不过是一个符号。例如我们熟知的唐代高僧玄奘，被后人誉为中印文化交流的使节，他的形象具有多重性。小说《西游记》中的玄奘是个神话人物，自己没什么本事，全靠徒弟孙悟空才能安全抵达西天（天竺）。《高僧传》则主要介绍玄奘对佛教的贡献，尤其是组织译场译经，功不可没。但是作为一个历史人物的玄奘是复杂的，有其世俗性的一面。他从印度回来后，竟然打听到皇后怀孕这一消息，马上进表“乞平安”，以示祝贺。皇子出世后，玄奘又为这个未来的太子上了一个尊号“佛光王”。这个例子说明，教科书中的人名是没有生命的，它无法满足知人论世的要求。其四是有典章没有事例。教科书对科举、赋税和婚姻制度，只是介绍一些条文和规定，没有通过实例来说明它付诸实践的情况。研究法律需要案例，研究婚姻需要婚例，研究医学需要病例；教科书在这一点上几乎一片空白。其五是有事实没有真相。事实不等于真相，事实是看得见的，而真相需要分析，由表入里去认识。黑格尔说过：“类的存在只有反思才能认识。”（《小逻辑》）教科书只罗列事实，未能揭示内在联系构成的真相。

因此，到了一定的阶段，我们就得告别教科书，就如圣婴到了发乳牙的时候就应“断奶”。临别依依，说声“再见吧妈妈”完全是理性的。我们强调的是“告别”，不是“抛弃”，更不是“批判”教科书。换句话说，就是要自觉地摆脱教科书思维模式的影响。假如我们已经成长了，还遗留着吃奶时的习惯就不好了。英国历史学家柯林武德在其名著《历史的观念》中，明确指出按教科书塑造的历史思维给人留下“特殊的错觉：即最终定论的错觉。当一个学生在无论哪个题目上是处于学生的地位时，他就必须要相信事物都是解决了的，因为教科书和他的教师都把它们看作是解决了的。当他从那种状态中走出来并亲自继续研究这个问题时，他就会发现没有什么东西是解决了的”。以“背景——过程——影响”三段式描述历史事件的方式，是司空见惯的，假如我们也用这种模式来写论文和专著，那就是在高级阶段再现“特殊的错觉”了。因为在你叙述过程的时候，背景也在不断地发生变化，怎么能人为地切断？同样，所谓“意义”和“影响”也不是等事情都结束了才出现的。如果始终抹不掉教科书的烙印，就好比一个人已经胡子一大把，一开口还满嘴奶味，未免贻笑大方了。

从吃奶转向吃梨，也就是从常规性思维上升到创造性思维，这是一个跨越性的发展阶段。思维模式的更新，是这个阶段的关键所在。创造性意味着超常识和反常规，不存在共同纲领，其可行性往往因人而异。正如诗云：“各有灵苗各自探。”依样画葫芦是绝对没有出息的。在这方面，学术与艺术同理，清初画师石涛曾经说过：“古人未立法之先，不知古人法何法；古人既立法之后，便不容今人出古法。千百年来，遂使今之人不能出一头地也。师古人之迹而不师古人之心，宜其不能出一头地也，冤哉！”

我吃历史饭也算多年了，但至今还成不了“美食家”，总觉得历史学创新的难度很高，大有望史兴叹之慨。这里借用几句成语来表达，不避旧瓶装酸酒之嫌。

1. “今非昔比”。指的是古与今的距离。我们可以把古今的距离分成三个层次：时间的距离，空间的距离，还有心理的距离。尤其是“心理的距离”，今人难于跨越，一不小心就会以今人之心度古人之腹，把历史现代化。第一个反对把历史现代化的人是法国思想家孟德斯鸠，他在《论法的精神》中写道：“把一切当代的观念用到辽远的古代去，这是出现无穷错误的根源。”比如说，唐代士子的“行卷”，现代人也许会想象成相当于简历之类自我推销的东西。简历通常用特快专递寄过来的。“专递”二字很形象，可以作行卷之“行”的注解。白居易年轻的时候到长安谋生，登门拜访著作郎顾况。这位当时的文化部官员挖苦他说：“长安的生活费很高啊，要居住可不容易！”可是当他翻看白居易的行卷，看到《赋得古原草送别》诗中“野火烧不尽，春风吹又生”一句，立即说：“能写这样的好诗，想在长安居住也不难了。”（有人认为顾、白会晤，是传说而非史实。）“行卷”并不是为了谋职，而是进入文化圈的试探性行为。再举个例子，“二奶”和古代的妾可以等同吗？妾者，接也，也就是接近家中的男主人。《红楼梦》称妾为“跟前人”，清代苏州唤作“贴身”，和我们所说的“二奶”并不同。仔细比较，有两大区别：一是多由婢到妾；其次“妾”一名是相对“正室”而言的，俗称“偏房”，和大老婆同在一个屋檐下。今天的“二奶”断不会接到家里住，而是在外置下豪宅，金屋藏娇。这种人，在古代叫作“外妇”。现在人去古已远，时空距离不言而喻，至于心理距离，就往往被忽略了。对三重距离视而不见，创造性思维是无从谈起的。

2. “包罗万象”。没有一个学科像历史学那样，要承受那么多的知识压力。“二十四史”中有多少“志”？“职官志”“地理志”“食货志”等等，一“志”就是一个专门史。你要讲农民战争，可是你不是农民，又没有参加过战争；讲海外贸易，你没有出过海，更没搞过贸易！所以，研究历史的人不可能有一劳永逸的知识准备，整天都在补课，从间接经验中补自己直接经验之不足。补课，就意味着调整知识结构。历史研究这种包罗万象的性质，使得论文和专著“牵一发而动全身”，做起来小心翼翼，容不得半点才子派头。创造性思维要靠博学精思，灵机一动只会造成聪明误，这已经不是什么新闻了。

3. “时不再来”。历史是一次性的，不会再现，不能重逢，本领再大的人也不能克隆历史。研究历史和叙述历史，无异于起死人而活白骨，绝不是轻而易举的。我们只有言之成理，才能取信于人。怎样才能言之成理呢？从根本上说，要做到历史与逻辑的统一。譬如说，“婚”字如何理解？有人望文生义，用阴阳来解释“婚”。因为男属阳，女属阴，阴与暗相连，黄昏靠近黑暗，认为这就是“婚”之主义。其实“婚”的语源是指在黄昏时抢少女，产生于人类婚姻形态由乱婚进化到抢婚的历史阶段。人类婚姻形态从低级到高级不断地进化，抢婚的出现构成了一种对偶关系，否定了“乱”。随后，抢掠婚姻又被更高级的买卖婚姻所取代，交易总比抢好。这一时期出现了“媒”。媒，谋也，谋合二姓。异姓通婚是媒人的职责，负责游说和交易。买卖婚姻现在的名声很臭，但在历史上曾经是进步的。现代的婚姻形态是自主婚姻，讲求情投意合，至于以神作证还是以官作证，那是赋予它合法性的手续问题。有人说现在出现了一种“同居”的苗头，将来或许会大张其势。其实，同居关系不构成婚姻关系，双方没有经过确认的权利和义务，合则来不合则去，这不能说是一种进步。婚姻形态的演变体现了历史与逻辑的统一：在历史上表现为男女关系从野蛮到文明，从逻辑上表现为结合形式的不断否定。马克思曾说：“任何领域的发展，不能不否定自己从前的存在形式。”婚姻制度的历史演变就验证了这个逻辑过程。

上述种种难点，包括古今距离的多重性，以及历史的多元性和不可重复性，都是告别教科书之后面临的新问题。如果认为“断奶”之日就是青云直上之时，那未免太天真了。告别教科书与勤练基本功，不可混为一谈。我们与教科书的关系，是阶段性的；我们与基本功的关系，则是经常性的。所谓“拳不离手，曲不离口”，指的就是这个。前辈学者说过：研究国史应常备四把刀，即年代、目录、官制、地理，缺一不可。像余嘉锡的《四库提要辨证》，置于案头，随时翻检，堪为书海导航。一个人如果识锐学浅，基本功不过硬，即使找到什么“切入点”，肯定也切不深，顶多一刀见血，离一刀见骨还远呢。现在有些人对“切入点”寻寻觅觅、津津乐道；至于基本功，则无动于衷，漏洞百出。浮躁是学术上的幼稚病，早防早治为妙。万丈高楼从地起，高空作业是靠脚手架支撑的，千万不要掉以轻心。

强调历史研究要重视基本功，并不等于高呼“乾嘉万岁”。对创造性思维来说，功力与学问，绝不是一对同义词。章学诚早就指出两者的区别：“功力之与学问，实相似而不同。记诵名数，搜剔遗逸，排纂门类，考订异同，途辙多端，实皆学者求知所用之功力耳。即于数者之中能得其所以然，因而上阐古人精微，下启后人津逮，其中隐微可独喻而难为他人言者，乃学问也。今人误执古人功力以为学问，无怪学问之纷纷矣。”（见《章氏遗书》卷二九，外集二，《又与正甫论文》）在学术多元化的今天，对“学问之纷纷”要保持清醒的头脑，不趋时，也不守旧。一步一个脚印，惟创新是图。回到本文的题旨，就是告别教科书并不意味着放弃基本功；勤练基本功是为了发展创造性思维。实学含智慧，才免“死于句下”。学问做到“上阐古人精微，下启后人津逮”，就步入由“婴”而“圣”的境界了。

十三 “书名学”刍议

中国是造纸术和印刷术的故乡，除地广、人众外，书多，也是一大特色。地名学和人名学早已登上学术殿堂了，“书名学”则似乎尚未破土而出，未免令人遗憾。

书生关注书名，原是分内事，无“管得太宽”之嫌。只要有兴趣，何妨畅谈一番。至于本文只能作些浅说和刍议，那完全是限于个人的学识，并非由于虚心或心虚。

古人把“立言”看得很重，著书命名，常用谦词，没有市井气的自我吹嘘，与广告语言大异其趣。例如，《敝帚集》（吴中蕃）、《识小录》（徐树丕）和《鸡肋编》（庄绰）之类，都是慎重地为自己的精神产品定位，以本色示人，不敢艳妆涂泽，生怕贻笑大方。每念及此，感触油然而生，我也就跟着杜甫“不薄今人爱古人”了。

当然，书海犹如人海，是五光十色的。有低调的书名，也有咄咄逼人的书名。宋代吴缜的《新唐书纠谬》，就是锋芒毕露的。据王明清《挥麈录》后录卷二披露，吴氏著书的本意，原来是挟怨泄愤：

嘉祐（1056—1063）中，诏宋景文、欧阳文忠诸公重修《唐书》。时有蜀人吴缜者，初登第，因范景仁而请于文忠，愿预官属之末，上书文忠，言甚恳切，文忠以其年少轻佻拒之，缜怏怏而去。逮夫《新书》之成，乃从其间指摘瑕疵，为《纠谬》一书。至元祐（1086—1094）中，缜游宦蹉跎，老为郡守，与《五代史纂误》俱刊行之。绍兴（1131—1162）中，福唐吴仲实元美为湖州教授，复刻于郡庠，且作后序，以谓针膏肓、起废疾，杜佑实为左氏之忠臣，然不知缜著书之本意也。

《新唐书》事增于前，文省于旧，号称良史。虽有可议处，但不能攻其一点，不及其余。吴氏作为一名“初登第”的新手，挤不进写作班子，分不到科研经费，耿耿于怀，等到人家结项出书的时候，就跳出来“纠谬”，似此少年，确实也未免太“轻佻”了。欧阳修不邀他入座，倒是颇有知人之明的。事过数十年，这名北宋末年的学界游勇，到南宋初居然被视为文化“忠臣”，历史的误会何其多呀，真是叫人啼笑皆非。

书名作为一种语境，难免会反映成书的环境和著者的心境。历史上遗民著书，往往贴上“梦”的标签，就是这个道理。南宋孟元老的《东京梦华录》、吴自牧的《梦粱录》，清初张岱的《陶庵梦忆》《西湖梦寻》，阙名的《如梦录》，等等，无不如此。甚至出家人也向在家人学习，清初岭南高僧成鹫法师的回忆录，就是以《纪梦编年》为名的。书名史本身，包含着某些认识价值，有心人对此是不可忽略的。

名不正则言不顺，为书取个能够确切反映内容的名称，非花点心思不可。第一部《高僧传》的著者释慧皎，在其“序录”卷中对书名命意说得一清二楚，表现出罕见的卓识：

> 自前代所撰，多曰名僧。然名者，本实之宾也。若实行潜光，则高而不名；寡德适时，则名而不高。名而不高，本非所纪；高而不名，则备今录。故省名音，代以高字。

像这样界定“高”与“名”的差别，有明确的取舍标准，就不至于鱼目混珠了。往事越千年，名、高之辨并未失去现实意义。当今大树“名师”成风，固然比冷冷清清好，但真正足以为人师表者，恐怕应该是埋头苦干的“良师”。但愿在歌师颂师的时候，也能故省“名”音，代以“良”字，那就实事求是了。书名学与教育学本不同物，在这里参互合论，无非连类而及，并不是想入非非。质之高明，未知以为然否？

任何书名，都既有义，又有形。由于文言基本上是单音词，因而古代书名较短，二、三、四字常见，像陆玑的《毛诗草木鸟兽虫鱼疏》就算很长了。现代的白话有大量的复合词，书名难免会多几个字，不足为奇。值得注意的是，近年似乎出现一种名长书厚的时尚。一本书，两个名：正标题是象征性的，副标题才是实质性的，叠床架屋，令人目眩。前辈学者可不是这样，朱自清的《经典常谈》，陈寅恪的《柳如是别传》，使人一目了然。陈垣的《通鉴胡注表微》，余嘉锡的《四库提要辨证》，也同样是名实相符，题无剩义的。

读书难，读书名也不容易。晚年的郭沫若，对清代才女陈端生的弹词巨著《再生缘》，潜研深探，终于悟出书名命意所在，堪称发前人所未发：

> 观此书人物选姓颇有用意。书中三位主要人物，皇甫少华切黄字，梁素华切梁字，孟丽君切梦字，盖取《黄粱梦》为其主题也。此断非偶然。
>
> （《再生缘》前十七卷校订本题记）

读了郭老对《再生缘》主题的发覆、解读和破译，使我不仅感受到大师之“大”的学术分量，而且对“书名学”之不可无，也更加深信不疑了。钮琇《觚賸》续编卷一“书名”条云：“著书必先命名。所命之名，与所著之书，明简确切，然后可传。若意尚新奇，字谋替代，一有谬误，遂生訾议，不可不慎也。”这是智者之言，并非多余的话。

说到最后，似乎应当话分两头，各表一枝，不然的话，就太不识时务了。对有“商业头脑”的人来说，如何突出书名的卖点才是值得关注之点。稍加掂量，皇室的权力斗争与后宫的争风吃醋相比，后者当然更“热”了。如此这般，难免标新立异，旨在制造轰动效应，纵然也属书名学之列，但实质上是生意经，绝不能算作正道。

十四 “日日是好日”别解

单单从字面上看，“日日是好日”这句话，颇有吉祥语的味道，用于自慰可也，用于祝愿亦可也。如果置于其出处的上下文中，则似乎另有深意在，与“今天天气好”是大异其趣的。

“日日是好日”五字，是一句禅语，出自佛书《碧岩录》：

> 云门垂语云：“十五日前不问汝，十五日以后道将一句来。”自代云：“日日是好日！”

唐末韶州云门山的文偃和尚（864—949，嘉兴人，俗姓张）为禅宗五派宗师。这位云门禅师的自问自答，禅机何在呢？一个月里，“十五日前”是上弦，由晦而明，自缺而圆，当然是好，可以置于“不问”。十五日后转入下弦，由明而晦，由圆而缺，试问作何感想？宇宙运行，不以人的意志为转移。圆也好，缺也好，明也好，晦也好，听其“自然”，岂不是“日日是好日”吗？天上如此，人间呢？云门禅师没有说下去，只留下“悬念”，由你去想。我辈俗人食人间烟火，何妨反躬自问，再“道将一句来”。

在人生的路上，闲适感不如紧迫感，紧迫感不如危机感。如果有勇气把危机感加以深化，推到极处，那就是末日感了。要是将云门禅语“日日是好日”换个字，改成“日日是末日”，究竟是怪论，还是悖论呢？请看鲁迅在《且介亭杂文》中那篇《死》怎么说：

> 但要赶快做。这“要赶快做”的想头，是为先前所没有的，就因为在不知不觉中，记得了自己的年龄。

真是先知先觉，想起了自己的年龄，萌生了“死”的预感，也就给自己敲起了警钟。于是乎，“要赶快做”的念头成为精神动力，催人奋进，争分夺秒，“一天等于二十年”。高效地干，高效地活。“春蚕到死丝方尽”，什么无所作为，什么坐以待毙，统统见鬼去吧。

当然，“日日是末日”听起来相当刺耳，没有“日日是好日”那么甜，但却更富于挑战性和鼓舞性。如果考虑到末日感可以纳入修身伦理，合乎“置之死地而后生”的古训，人们也许就会恍然、坦然，甚至欣然接受了。20世纪著名哲学家米歇尔·福柯（1926—1984），在1981—1982年法兰西学院的年度讲演中，根据古希腊的德尔菲神谕“认识你自己”，系统地阐述了关于自我塑造的哲理，明确提出人们在精神上进行“死亡训练”的必要性。他引述古罗马哲人马可·奥勒留《沉思录》里的话：“道德完善意味着人过的每一天就像是末日似的。”按福柯的理解，死亡思考其实是尊崇人生，“死亡的思考和训练只是一种手段，以便对自己的一生有一个侧面的观察，从而让人可以把握当下的意义”。换句话说，设想死已临头反而活得更起劲。因此，“死亡思考”便摆脱一切轻浮，成了“非常知名的东西”：“我正在从事的事情的价值，我的思想的价值，我的行动的价值，只要我把它视为是最后的，那么它就会被揭示出来。”可见，末日感并不会令人沮丧，相反地，它是兴奋剂和强心剂，激发芸芸众生告别庸人哲学，脚踏实地，只争朝夕。如此运思，如此行事，“末日”也就是“好日”了。难怪明朝人的长生真诀诗化成七个字：“未死先教死一场。”（董其昌《画禅宝随笔》卷四）

无论对谁，张三也好，李四也好，人生都是在无可挑选的时空中展开的。稍不顺心，就埋怨生不逢时，事事想要超前的人，未免缺乏自知之明了。《浮生六记》的作者沈三白，游幕作贾，放浪形骸，于漂泊中缠绵哀感，终生解不开对亡妻芸娘的情结。但他并不消沉，依然有恨无怨地面对人生，开宗明义就写道："余生乾隆癸未（1763）冬十一月二十有二日，正值太平盛世，且在衣冠之家，居苏州沧浪亭畔，天之厚我，可谓至矣。"沈氏其人，姑苏一布衣耳，无高风亮节足以垂范后世，但也不像当代某些"生不逢时"的论者那样怨天尤人。他敢于正视人生，敢于直抒情趣，没有包装，不戴面具，完全是"真人"亮相。浮生而不浮游，浮生而不浮躁，这就难能可贵了。

天上有天网，人间有人网，我行我素是行不通的。明清之际的高僧觉浪和尚（1592—1659），有段知人论世的语录，值得一读：

> 今人动以生不逢时、权不在我为恨。试问你：天当生个什么时处你才好？天当付个什么权与你才好？我道：恨时恨权之人，皆是不知自心之人，故有悖天自负之恨。又安知生生死死、升升沉沉，皆是自己业力哉！你不知自心业力强弱，不看自己种性福德、智慧才力、学行造诣，机缘还得中正也无？却乃恨世恨时恨人恨事，且道天生你在世间，所做何事？分明分付许多好题目与你做，你没本事，自不能做。如世间庸医，不恨自己医学不精，却恨世人生的病不好。天当生个什么好病独留与你医？成你之功？佛祖圣贤，将许多好脉诀、好药性、好良方、

> 好制法留下与你，你自粗心，不能审病诊脉，量药裁方，却怪病不好治，岂神仙工巧之医哉！你不能医，则当反诸己，精读此书，深造此道，则自然神化也。

我想，对平常人来说，“神化”之境未敢期，“反诸己”的自我鞭策则是不可或缺的。立足现实，立足本职，兢兢业业，超越自己。从闲适感中激发出紧迫感，把紧迫感提升成危机感，将危机感转化为末日感，终点和起点同在一个圆圈上，“日日是好日”就在“日日是末日”中实现了。

十五　耿昇赞

——学者风度与工匠精神的统一

去年四月间，突然传来耿昇先生在京逝世的消息。暮春时节，痛失斯人，我立即从书架上抽出他译的《突厥历法研究》，在这部难度堪称“天书”的扉页上，写了一段如下的悼词：

> 耿昇过后无耿昇（2018.4.10 逝世），
> “不是花中偏爱菊，此花开尽更无花”。
>
> （元稹句）

这是个人“心祭”之言，未经琢磨，也许有些情绪化了。现在，到了他周年祭的时候，我想应该用赞词来代替哀思，澄清心境，就算为故友编织一个花环吧。

耿昇先生是一位“半路出家”的大家。人到中年，才从外事部门转入学术部门。由于脚踏实地，奋励潜研，没有经过多久，他就变外行为内行，并从内行中上升到出类拔萃的行列中了。其业绩是令人刮目的：30年间，共翻译出版了近60部法国汉学名著，涵盖了中外关系史、西域史、西南民族史与南海交通史诸学科，同时发表了数十篇评介性和导读性的文章。译、述并举，在学术界享有“前冯（冯承钧）后耿（耿昇）”的盛誉。用不着捧，用不着炒，耿昇是通过“荆棘路”而“寂寞红”的。实至名师，相信他的“身后名”还会更大，更响亮。

耿先生是农家子，与书香门第无缘。显露头角之后，依然朴实谦和，保持泥土气息。译了那么多洋书，但不沾洋气，更不会惟洋学霸的马首是瞻。对大名鼎鼎的伯希和，其是非功过如何，耿昇是算过细账的。他曾经公开地严词谴责这位“西方汉学教皇”的霸气：“伯氏一生酷爱写书评，几乎对当时西方的所有重要汉学著述，都曾言辞刻薄地发表评论。伯氏自认为自己学富五车，满腹经纶，从而目空一切，唯我独尊，对他人鼓励不足，鞭笞有余，以国际汉学界的宪兵或警察自居。他喜欢对别人指手画脚，贬低别人而抬高自己。在世界学术史上，这样的耆老恶少也并不罕见。”（引自《伯希和西域探险与中国文物的外流》）耿昇既然将自命不凡、称王称霸视为学者之大忌，他也就知所自律，待人以诚。即使在“群贤毕至”的研讨会上，偶尔与“初生牛犊不怕虎”的后辈（不是“恶少”）发生碰撞，他绝不会失言失态，真正做到“学问深时意气平”。难得的学者风度，难得的君子风度！

耿氏呈献给学术界的海量译著，几乎都是爬格子爬出来的。按原著的知识结构，往往是多语种又多学科，写作风格“八仙过海，各显神通”。译者如果轻举妄动，译文难免遍体硬伤。从古代语言的转写，到中国文献中地名、人名、书名、官名的还原，直至双语对应词的搜索，他都耐得住烦，在精神生产中坚持工匠精神，一心一意为读者搭起便桥，虽踏破铁鞋而无悔。难得，难能。

已矣耿昇，“何日君再来？”鄙人无可奉告，只好请一位善问善答的南宋文人来代言：“后世而无先生者乎？孰能志之。后世而有先生者乎？孰能待之！”

2019年4月10日于广州

丁 编

自励篇

一　榕荫下的岁月

榕树乃岭南嘉木，植于村口塘边，郁郁葱葱，荫护着一方水土，在民间享有盛名。清初屈大均的《广东新语》对其生态和象征，作过意味深长的记述：

> 榕，叶甚茂盛，柯条节节如藤垂。其干及三人围抱，则枝上生根，连绵拂地。得土石之力，根又生枝。如此数四，枝干互相联属，无上下皆成连理。其始也根之所生，如千百垂丝，久则千百者合而为一，或二或三，一一至地。如栋柱互相撑抵，望之有若大厦。直者为门，曲者为窗牖，玲珑八达，人因目之曰榕厦。
>
> 榕，容也。常为大厦以容人，能庇风雨。又以材无所可用，为斤斧所容，故曰榕。自容亦能容乎人也。

康乐园夹道植榕，根深叶茂，庇荫行人，是中山大学的一大景观。作为一个“土生土长”的中大人，我在榕荫下已度过50多年的岁月，欢乐和迷惘兼而有之，幸好未曾沉沦。经历过风风雨雨，又迎来了丽日蓝天。在今、昔、情、景交融中，我深深地感到，榕厦就是母校，母校犹如榕厦。她能自容，能容人，也就能容乎人。如今四个校区，一派生机，欣欣向荣。在天时、地利、人和的合力中，中山大学的明天必定更美好。

（一）摇篮曲

我于1953年深秋来到康乐园，开始了难忘的大学时代。

1953年是一个重要的年份：国家建设的第一个五年计划开始了，朝鲜战争结束了，大学院系调整完成了。对青年学生来说，尤其深受鼓舞的是，就在同一年，毛主席发出“三好”的号召：“要使青年身体好，学习好，工作好。”犹如一阵春风，无论宿舍、课室还是饭堂，到处都见到“三好”的标语，组成校园生活的主旋律，令莘莘学子心花怒放。那种精神状态，借用屠格涅夫名篇《春潮》的话语，就是“青春站在街垒上，它那辉煌的旗帜高高地飘扬”！

至今依然记得，在当年历史系的迎新会上，系主任刘节先生郑重介绍：“我们系里拥有中古史两位大师：陈寅恪先生和岑仲勉先生，他们都是著作等身，满门桃李。二老同系任教，是全体师生的光荣。”随后又听到一些来自师兄师姐们的传闻，才知“二老”一盲一聋，但却具有非凡的智力。于是，在光荣感之外，又增添了几分神秘感，至于他们的学问如何博大精深，则还茫然无知。有关沙弥问道的事，那是后话了。

20世纪50年代中期的康乐园，花木多，草坪多，林荫小道也多。但并非“曲径通幽处”，而是大力提倡“文明生活”。周末和节日跳交谊舞成风，不会的也得学，称为“扫舞盲”。学生除必修体育课外，还应参加“劳动卫国制锻炼”，包括短跑、游泳、俯卧撑、单双杠等，不达标不能毕业。每到期终考试，在考场入口处悬挂横幅红布，上面写着“向祖国汇报成绩”的标语，使人觉得又庄严又兴奋。宿舍极少噪音，夜间统一管制灯火，熄灯后播轻音乐，催眠10分钟。舒伯特的《小夜曲》：“我的歌声穿过深夜，向你轻轻飘去……”事过多年，每当听到这段乐曲，犹如心灵触电，怀旧之情，油然而生，似乎受到一种带有抚慰的激励。虽不能返老还童，仍企盼秋行春令，不知不觉认同晚年巴金的心声：“把从前的我找回来！”

话说回来，知识分子成堆的康乐园，毕竟不是安乐窝。这里虽无刀光剑影，却有惊心动魄的口诛笔伐。1954年的“红学”风波，1957年的“反右”风暴，在榕荫下“枪打出头鸟”，雏燕与老鹰纷纷坠地，折翅掉羽，令人寒心。“摇篮”陷入地震了，初震之后有余震，余震又逐步升级，演成“史无前例”的1966年巨震。晕头转向，岌岌危危。大势所趋，母校变脸成为干校，扎根英德茶场，我也跟着变了样子。“三年一觉英德梦，赢得五七战士名”！可惜，骨脱不了，胎换不成，滚一身泥巴后，依然本性难移，书生还是书生。回首当年，往事并不如烟。如今倘若带着微笑回忆辛酸，还不如让它在朦胧中淡化。对我来说，刻骨铭心的还是学园、学人和学事，它才是永不褪色的。

（二）学园缤纷录

历史系是学园的一角，在中山大学属于老系、小系和穷系。与大户相比，它是不入时眼的。聊可自慰的是，这里虽有阴晴圆缺，其文化生态基本平衡，让人可以正常地呼吸。我学于斯，教于斯，数十年间走过一条从学生到教授的路。抬头仰望，对逝去的诸位师长，我既感且佩，从心的深处点亮了崇敬的蜡烛。“先生在日曾青眼，弟子如今也白头”（赵翼句），现在还不说几句谢师念师的话，更待何时。

让我从说不尽的陈寅恪说起。这位盲于目而不盲于心的“文盲叟”，原本是讲学著书两不误的。到1958年

“拔白旗”，因被批为“误人子弟”，才愤而退出讲坛，义无反顾地“颂红妆”去了。传世的《柳如是别传》，“忽庄忽谐，亦文亦史”，是陈寅恪学术生涯中一朵最后的玫瑰，既染血又带刺，绝不是销愁送老的闲言。他在生时寄希望于“后世相知”，现在已经21世纪了，未知“有缘者”是谁。也许它会落得曹雪芹名著那样的命运：“经学家看见《易》，道学家看见淫，才子看见缠绵，革命家看见排满，流言家看见宫闱秘事……”（鲁迅语）后人究竟会从《柳如是别传》中看见什么，无妨拭目以待。我倒愿意让“红妆”与“红楼”相映成趣，一个在“悼红轩”，一个在“金明馆”，异代同悲，都是苦心人。

比陈寅恪先生年长5岁的岑仲勉先生，逝世已经近半个世纪了。中华书局最近推出多卷本（15种17册）的《岑仲勉著作集》，让学界一饱眼福。岑老在世时，视弟子如子弟，令受业者如坐春风。他的传世之作，浩博厚重，我所涉猎者，只是其总量的三分之一而已。通过亲炙和浅尝，似乎从中可以归纳出若干治学的经验之谈，如不宜“专之过早”、不可“望文生悟”，等等。岑仲勉先生这些苦口婆心的治学良言，现身说法，有为而发，倘能深入信息时代的学子之心，浮躁的学风就可望得救了。

辈分仅次于陈、岑“二老”的刘节先生，古道热肠，抱素守朴，在激烈的世变中碰一鼻子灰仍不回头。他“天真”得犹如赤子，一面挨批，一面诉说：“我的唯心论是可以为人民服务的。”难怪人们笑他“不识时务”了。刘节先生是先秦史专家，对“十三经”滚瓜烂熟。听到有的同学诉苦《周易》难懂，他就大开方便之门，每周在家中为他们说《易》。这本来是好心好意的“义务劳动”，料不到“左”风一刮，就变成“私人讲学”了，变成争夺接班人的“阴谋”了，又挨一轮批了。在历次政治运动中，刘节先生真不愧经得起批的“老运动员”。他以“仁”为立身行事的信条，深入骨髓。到了“横扫一切牛鬼蛇神”的年代，就是他，仅仅是他，以67岁老门生的身份，面对杀气腾腾的红卫兵，竟敢站出来代老师陈寅恪挨“斗”！这样的高风亮节，完全足以构成《新儒林外史》中悲壮的一回，流芳后世。

识时务而不趋时的，历史系也有人在，这就是清瘦潇洒的梁方仲先生。他出身清华，专攻明清经济史，以研究“一条鞭法”扬名海内外。20世纪的50年代，史学界集中探讨过五个热点问题，被誉为体现时代精神的“五朵金花”，即历史分期、农民战争、封建土地所有制、汉民族的形成和中国资本主义萌芽。后者属于明清经济史的范围，引起梁先生的特别关注。为了弄清基本原理，他根据英文本重新翻译了《资本论》第1卷第24章《所谓原始积累》，钻研甚深。对于当年学界削足适履的反常现象，尤其是某些于无芽处强说芽的趋时文章，他反感而不反驳，只是洁身自好，冷眼旁观“奉命找萌芽”者的表演。梁先生一身正气，不怕惹火烧身。在“拔白旗”的喧闹声中，他劝青年教师不要乱起哄去批陈寅恪，从此便有一句梁氏名言不胫而走，即所谓“乱拳打不倒老师傅”是也。这个理性的劝导之声，与“在战斗中成长”的号召大异其趣，难免被传为笑柄。事过数十年，究竟谁好笑，历史已经作出结论了。

有人戏称：陈、岑、刘、梁是历史系的“四大金刚”。按其道德文章，这四位前辈都值得编成言行录，传诸后世。可惜，予生也晚，在这里所能做的，只是连缀一些记忆的碎片，美其名曰“缤纷录”而已。黑格尔说过：“没有人能够真正地超出他的时代，正如没有人能够超出他的皮肤。”任何先师都是有局限性的，就算列位金刚传诸弟子的是“祖师禅”，那也不意味着学术传统可以原封不动。任何东西不转化就要僵化，学术传统也不例外。问题是如何区分两种性质不同的转化：创新，是创造性的转化；趋时，则是投机性的转化。貌似神异，不可不察。一旦陷入“团团转”的误区，“祖师禅”难免被“野狐禅”所取代，那就有负师教了。

（三）榕荫随想

在不久前出版的一部拙著后记里，我回顾自己走过的道路，写了几句非诗非偈的独白，现转录于此，借以约束随想的随意性，以免无边无际：

五十年前，史学新兵。
如今何物？康乐园丁。
有意求法，无术传经。
心归定处，拾穗榕荫。
坐冷板凳，娱乐升平。

坐在榕荫的冷板凳上，反思自己的“园丁”生涯，这就意味着对“历史教师”的是非得失进行一次大盘点。无可自豪，乃是意料中事；翻箱倒柜，聊以自慰而已。求其所感最深者，仅得两项：一是教师难当，二是历史难治。干了几十年，说的还是ABC。没有办法，因为认识的起点和终点，同在一个圆圈上。

为人师者，执百业之一业，本来就是“百姓”。可惜，久而久之，分工的局限性留下后遗症，往往“好为人师”。一涉“好”字，该师就患职业病了。好表现，好训人，好指手画脚，好居高临下，如此等等，都是病态。孟子早已指出：“人之患在好为人师。”怎样防治呢？平起平坐还不够，要放下架子当学生，进入对立面才有自我意识的觉醒，不妨一试。传诵百代的“诲人不倦”，未必就是金科玉律，如果只强调主体的输入，忽略客体的接受，“诲”就异化成“灌”了。育人可不是饲禽，让“填鸭式”

见鬼去吧。还是“教学相长”好，春风化雨，互动互补，师徒同步前进。龚自珍诗云：“但开风气不为师”，真是千古名言。

历史去今甚远，要雾里观花，谈何容易。“今人不见古时月，今月曾经照古人”（李白句）。古今之间的历史视域，包含三重距离：时间、空间和心理。稍一不慎，就会以今人之心度古人之腹，叫唐太宗穿中山装！北京大学林庚教授反对把古人摩登化，他实事求是，没有将李白的“布衣感”硬说成“人民性”。武则天多男宠，一直为后世所诟病，骂她淫，骂她乱，骂她是老妖精。如果历史教师也跟着骂，那就太不专业了。“读史者须知武曌乃皇帝或女主，而非太后，既非太后，而是皇帝，则皇帝应具备之礼制，武曌亦当备有之，区区易之、昌宗、怀义等男宠，较之唐代之皇帝后宫人数犹为寡少也。”按唐代礼制，则天皇帝的男宠不是太多而是太少，“区区”而已——陈寅恪如是说。

全面的历史观察，不可能在平面上展开。它触及四对关系：前后，左右，表里，动静，犹如一座“立体交叉桥”，矗立于想象的空间。常言道：“让事实说话”，似是而非。孤立的事实是哑巴，事实的组合才会说话。如何组合，大有文章。所谓“史难治”，并非在难记，而是在难思。古今中外的史学大师，无一不是以“思”取胜的。司马迁如果不长于思，《史记》就会有“记”无“史”。

为了起死人而活白骨，历史教师要自己思，更要教学生思。“教师就是教思”“史学就是思学”，我把话说绝了，但愿能够绝处逢生。反正是随想，何妨畅所欲言。

我当史学一兵也算多年了，“三句不离本行”，自知积习难改。“行话”说多了就会产生排他性，讨人嫌，及时刹住为妙。为了做到有头有尾，下面还得浅议几句，才能让个人随想向普遍性的主题回归。

多少年来，人们听惯一句从17世纪流传下来的洋话：“知识就是力量。”（为了搭配成对，又加上富兰克林那句“时间就是金钱”）如果把它放上理性的天平，就不难发觉：“知识”也好，“力量”也好，其实都是中性的。它们自身并无倾向性，知识可以是一种建设性的力量，也可以是一种破坏力量。关键在于定向，切不可作抽象化的理解。本来知是知，识是识，识是知的升华。中国传统文化有一个很高的标准，叫“有识之士”；有知之士并不高，有文化而已。衷心祝愿从康乐园走出来的学士、硕士和博士，个个德才兼备，组成“有识之士”的光荣团队，为中华民族的全面振兴建功立业。

二　求学随想

我是一个“从学校到学校”的人，生活之路就是求学之路。人到中年，学犹未成；无治学经验可言，只有求学随想可记。

求学，“求”字当头，要虔诚，要认真。“有实事求是之意，无哗众取宠之心”，永远是我们的座右铭。

学问无止境。求学的人却可以而且应当有自己的目标，否则，就容易沦为学海的漂泊者了。唐朝人将中国的文化典籍分成经、史、子、集四大类，称作“四库”。清朝编《四库全书》，总共搜罗了三万六千二百多册，真是洋洋大观。到了现代，学问已具有世界性，书籍的海洋变得无比辽阔，门类多，语种多，五光十色，令人目眩。不管“海神”的微笑多么迷人，我们只能选定一个地方涉足。伟大的德国诗人歌德说得好：“最大的艺术本领在于懂得限制自己的范围，不旁驰博骛。”范围明确了，主动权操在自己手里，才可望集中精力，计日程功。

当然，就算在一定的范围之内，读书也不宜平均使用力量，得分个亲疏内外。篇篇读，字字记，是一种幼稚病。英国唯物主义哲学家培根非常聪明地主张：“有的书只要读其中一部分，有的书只须知其中梗概即可，而对于少数好书，则要精读、细读，反复地读。”这条区别对待的读书经验，为精神生产指出“节能、高效”的途径，对大字辈和小字辈一概适用。

思考应放在读书的首位。多思多得，少思少得，不思无所得。打开一本书，年代、数字和事实，触目皆是，构成知识性的表层。到此就回头，叫作浅尝辄止，是不足为训的。其实，作者的文心、思路和眼界，往往沉在底层。由表入里，透过知识性去追寻思想性，才算读深了。俄国杰出思想家赫尔岑就说过：“了解别人所讲的和所写的东西那还不够；应当了解眼睛里面发的是什么光，应当嗅出字里行间发出的是什么味道。”清代名儒钱大昕，称自己的书斋为“潜研堂”，这个“潜”字取得极有道理。学海是贵潜忌浮的。

科学教养的诗篇，绝非轻松愉快。就算才气横溢的名士，也不能不承认勤学苦练的必要性。“扬州八怪”的代表郑板桥，语重心长地写道：“不奋苦而求速效，只落得少日浮夸，老来窘隘而已。”这个发于三百年前的告诫，至今依然有它的棒喝作用。

随想就写这么多了。下面说几句别的话。据史书记载，12 世纪中期，宋孝宗问潮州风俗，王大宝用二言作答：“地瘦栽松柏，家贫子读书！”今天，潮汕平原一片沃壤，潮汕人民日益富裕。希望家乡的年轻朋友们不要忘记：松树的风格和好学的精神，是世世代代应该发扬的。

（原刊1984年1月20日《汕头日报》）

三　藏六居学记

“藏六居”并非寒舍的别称，也不是书房的雅号，它仅仅是个人向往的一种精神境界。此语出自佛典，《法句譬喻经》云：

> 水狗饥行求食，与龟相逢，便欲啖龟，龟缩其头尾及其四脚，藏于甲中。

即说偈言：“藏六如龟。”后代的僧徒便以此为禅谈的话头，见《古尊宿语录》：

> 问：“如何是学人深深处？”师（石门慈山）云：“乌龟水底深藏六。”

按仿生学原理，人类可以而且应当向某些生物学习，五禽戏和蛙泳，就是例证。对我来说，既然“藏六”可以防邪，又有益于潜研，何乐而不为？此外，还有一个附加的义项，韩愈《为宰相贺白龟状》早就说过：“古者谓龟为蔡，蔡者，龟也。”既然“藏六”寓鄙姓于其中，因此，所谓“学记”也无非是自家言说罢了。

我是一个平凡的学人，只有平凡的学记。

孩提时代，正值抗战，随父母过流亡生活。后来栖身于一座山城，总算远离战火，并有机会念小学了。父亲于谋生之余，忽发雅兴，想起教儿子读古文、练书法的事来。从此，我放学回家就不得安宁，除临颜真卿帖外，还要背韩愈的《祭十二郎文》《告鳄鱼文》等。这类旧式的家庭作业，旨在驯化儿童的野性，虽不能说从此给我种了“唐”根，但确实有些潜在的影响。后来听人提起“汉唐”或“唐宋”，总觉得唐宗比宋祖和汉帝更亲近一点。无论这是幻觉还是实感，如今已经不必寻根究底了。

我真正靠近唐史门墙，是在大学时代。1953年考入中山大学历史系，在欢迎新生的例会上，从系主任刘节先生口中第一次听到“二老”的名字：陈寅恪先生和岑仲勉先生。又据师兄、师姐的透露，“二老”各有残疾，一盲一聋，依然讲学著书，这就使我更加肃然起敬了。读了两个学年之后，按规定可选修“专门化”课程。在求知欲和好奇心的混合状态驱使下，我有幸成为陈、岑“二老”的选修生。沙弥往往会沾大师的光，后来学术界有的朋友以为我是他们的研究生，这纯属误会。

1955年夏季至1956年夏季，在陈府走廊特辟的讲席上，听寅恪先生讲史论诗达一年之久。课程名称“元白诗证史”，用1955年上海版的《元白诗笺证稿》作教材，选修者人手一册，由师母署赠盖章。此外还有油印的参考资料，包括《武曌与佛教》《以杜诗证唐史所谓杂种胡之义》等单篇论文，则由黄萱先生按期分发。事隔多年，寅恪先生的音容笑貌，仍清晰地浮现在眼前。一首《长恨歌》几乎讲了两个月。杨玉环是不是“养在深闺”，“温泉赐浴”有什么疗效，如此等等，擘肌分理，动人心弦。所憾知识准备不足，领悟未深，有负师教。不过，细雨润物，听者是难免会被默化的。记得自己初闻“酒家胡”“突厥法”之类的故实，即怦然心动，想作“大唐西域”的精神漫游了。有一次，也许是讲白乐天《新乐府》吧，寅恪先生顺带提及近代的汉语借词“苦力”源出古突厥语的“奴”字，点到即止，未曾细说。小子何知，竟敢悬拟传播路线，想要写篇《从库利到苦力——一个突厥词的旅行记》。似此难题，可望而不可即，一闪念过后就烟消云散了。现在回想起来，未免汗颜。正所谓：“禀鲁钝之资，挟鄙陋之学”（借寅恪先生语作自我鉴定），而欲言人所未言，纵然是牛犊之思，也难辞狂妄之嫌了。

仲勉先生开设的选修课“隋唐史”也是一个学年。课前派发油印的活页讲义供学生预习，以后补订成书，公开发行，即中华书局1982年新版的两卷本《隋唐史》。用著者自己的话来说，这套讲义的“编撰目的，即在向‘专门化’之途径转进，每一问题，恒胪列众说，可解决者加以断论，未可解决者暂行存疑，庶学生将来出而执教，不至面对难题，即从事研究，亦能略有基础”。一片传灯者的苦心，跃然纸上。当时，他正在修订巨著《突厥集史》，讲课常常论及突厥与唐朝的关系。仲勉先生是顺德人，乡音甚重，用粤语拼读“突厥”古名，沉浑浩渺，别有一番韵味。在他的熏陶下，我人在岭南，情系“漠北”，竟想一探游牧民族历史之秘了。对那个体重“三百五十斤”的突厥、西胡混血儿安禄山，尤感兴趣。于是便玩起“童子戏”，写了几千字的短文，送请审阅。仲勉先生循循善诱，用毛笔批了两三百字，原件已散失无存，只记得其中有“理多于证”的评语，真是大发愚蒙，击中架空立说的要害。经过这番温和的“棒喝”，我似乎从此就较少异想天开了。在这位祖父辈的长者作古之后，我只能从他的传世之作中学突厥史了。但却越来越感受到他功力之深、用心之细，以及那种罕见的爬梳史料的真本领。

1957年毕业留校任教，定位于世界史教研室，从辅导到讲授“中世纪史”。眼见与“二老”的学术领域相去日远，大学时代的“专门化”势必改道，于是便去探求一条“业余化”之路，试图用蕃胡研究来接轨，即使只是充当一名隋唐史的“票友”，也算是重圆自己学术“初恋”之梦了。课堂教学和下乡劳动之余，曾花力气钻研过科斯敏斯基的名著《十三世纪英国土地制度史研究》，旋又扑向伯恩斯坦那部《六至八世纪鄂尔浑叶尼塞突厥人的社会经济制度》，因为后者有多处可与《突厥集史》互补互证，正中下怀。对唐代蕃胡的研究，我往往喜欢从制度上做文章，似乎是这点夙缘起的作用。

20世纪60年代初期，我从兵制和法制入手，开始研究唐代突厥人的社会和文化。在组织材料的时候，力求遵循汉文文献与同时代突厥文物互证的原则，并用突厥语民族的现存遗俗作补充。经过初步的分析，在突厥汗国的军事组织和军事技术方面，取得以下几点认识：第一，突厥人的游牧生活方式规定了他们的军事活动方式。突厥汗国的军事制度是从围猎制度演变而来的，这种亦战亦猎的特性，使“兵革岁动”可以用“扬言会猎”来伪装，发挥独特的迷惑作用。第二，突厥兵制的基本特征，是本部兵民合一制与属部征兵制相结合。以部落组织为基础的这种军事组织，部众与部酋的亲属关系，巩固了士兵对官长的从属关系，从而加强了突厥兵的组合。另一方面，在兵民合一的条件下，社会矛盾的激化很容易引起官兵关系的恶化，从而使军队成为政治危机的温床，兵变成为民变的表现形式。第三，部落组织和骑射技术是突厥军队优势所在，也是它的生命力的源泉。在阿史那氏的汗权倾覆之后，唐朝对漠北的那群蕃兵蕃将大加招抚，就不仅是善后措施，而且也是取敌之长以为己用了。

突厥汗国没有留下完整的法律文件，研究它的法制，只能进行一种还原式的探索。我从所有权问题入手，分别挖掘“地分”和“蓄印”、“奴”和“臣”等一系列概念的历史文化内涵，进而分析突厥人的家庭和婚姻，以及继位法和刑法。按其总体的面貌而言，突厥法可以说是习惯法与特权法的矛盾性的结合。它是部落时代习惯法的蜕化形式，即由原来代表整个社会意志的共同规则变成实现统治阶级意志的工具。突厥汗廷的治国安邦术，是从氏族互助的古风中提炼出来的。突厥时代还有大量的氏族制残余。我们不仅看到牲畜私有的现象与牧地公有的古老外壳同时并存，而且还发现母权制时代的光辉，通过重视女系的亲属观念和“多由内政”的风俗，在父权制家庭中投下它的阴影。甚至对劳动力的剥削，也披着寄养制和收养制等氏族互助的外衣。既然社会生活还与军事民主制时期有着千丝万缕的联系，那么，法律观念当然也就不可能与古朴的习俗绝缘了。正因为这样，所以尽管突厥法的阶级烙印相当鲜明，但它渊源于习惯的原貌还是依稀可辨的。我能够从突厥史中觉察到一种与西欧诸日耳曼“蛮族”王国类似的法权现象，可以说是前述那段“中世纪史”教学实践在史识上留下的补偿。

既然有悟，也就无悔了。

包含上面这些粗浅体会的拙文《突厥法初探》，发表于《历史研究》1965年第5期。当时正是“山雨欲来风满楼”的时刻，数月之后，中华大地就刮起“十二级台风”。这篇长达两万多字的纯学术文章，竟然能够在严峻的气压下找到生存空间，这完全应归功于当年《历史研究》编辑部的宽容和奖掖。

经历过“史无前例”的风暴之后，重理旧业，已经人到中年了。从感情上说，“似曾相识燕归来”的喜悦无多，倒是“无可奈何花落去”的感伤更加沉郁。从积习来说，个人的工作节奏类乎“打太极拳”，缺乏“打歼灭战”的气魄。整个80年代，仅仅发表过几篇有关突厥和九姓胡的文章，叩寂寞以求音，并非什么“预流”之作。

九姓胡是西胡之一，即所谓“昭武九姓”。在突厥与隋唐帝国的关系中，他们多次以商胡或使臣的身份起中介作用。突厥文化的粟特成分，以及唐朝境内的胡化现象，都必须到中亚两河（阿姆河和锡尔河）流域去寻根。

沿着重在制度的一贯思路，我对九姓胡的研究抓住两环：一个是朝贡，另一个是胡俗。

西域贾胡的贡使化，是汉唐时期习以为常的历史现象。九姓胡与唐帝国的交往，除来自民间的“兴生胡”外，基本上也是通过“贡”与“赐”实现的。在借贡行贾的条件下，贡品具有二重性，是以礼品为形式的特殊商品。

输入唐帝国的九姓胡贡品，由内府向外廷扩散，通过逐步本土化和商品化的途径，部分贡品转化为日用品，丰富了唐代的物质生活。从实质上看，贡品史就是物质文化的交流史。九姓胡在唐代虽然贡无常期，入贡次数还是十分可观的。计自高祖至代宗150年间，共入贡94次，其中56次属玄宗朝，约占入贡总数60%。这个令人瞩目的历史现象，通常被归结为“开元盛世”引起的国际反应，甚至被诗人歌颂为“汉家海内承平久，万国戎王皆稽首”。其实，九姓胡之所以在8世纪上半期频频入贡，还有更深刻的动因，这就是阿拉伯人对中亚两河流域的步步进逼。我从这场席卷粟特城邦的“圣战”浪潮，追溯到它对唐代胡汉关系的影响，进一步领会到陈寅恪先生关于“外族盛衰之连环性”的判断，是一个嘉惠后学的卓识。

九姓胡的礼俗问题，是一个更加迷人的领域，像研究突厥法制一样，我对胡俗所能做的，也只是还原式的探索，谈不上什么精确的分析。根据玄奘《大唐西域记》对粟特胡俗的描述，我将其分解为：家庭、婚姻、丧葬，以及饮食、岁时、节庆，等等，逐项进行考释。尽管概括出来的这个礼俗体系带有模拟性和假定性，总比泛泛而谈略胜一筹，因为它比较具体地反映出九姓胡作为商业民族的独特风习。

唐代九姓胡以“善商贾”著称于世，在西方学术著作中被喻为“亚洲内陆的腓尼基人”。他们的活动范围，既是文化圈，又是贸易网。因此，“商胡”一词兼有经济内涵和文化内涵，并不是容易“破读”的。经过探讨之后，我才明白，分析九姓胡的家庭结构，可以找到它的重商习性的秘密，原来是孕育于人生仪礼之中。据《新唐书》及《通典》记载，胡雏从诞生到成丁，经历过教养内容逐步升级的三个年龄阶段：第一，婴儿祝吉：“生儿以石蜜啖之，置胶于掌，欲长而甘言，持珤若黏云。”第二，学书启蒙：“男年五岁，则令学书，少解则遣学贾，以得利多为善。”第三，成丁行贾：“丈夫年二十，去傍国，利所在，无不至。”通过上述三个年龄阶段对商业意识的灌输和传承，一个“商胡”便被按传统模式塑造出来。所谓“商业民族”的神话，也就不攻自破了。

入唐的九姓胡，通常都是“以国为姓”，即康国（撒马儿罕）人姓康，安国（布哈拉）人姓安。即使归化之后，土生胡也仍袭用原姓。因此，用姓氏来判别血统，并非十分繁难。真正伤脑筋的，是胡名的研究。从学术史看，经过前辈学者（桑原骘藏、向达、冯承钧、姚薇元）的辛勤耕耘，胡姓研究已经结下丰硕成果；至于胡名问题，则是尚待开垦的处女地。陈寅恪先生在《姚薇元北朝胡姓考序》中早已郑重指出：“吾国史乘，不止胡姓须考，胡名亦急待研讨。”可惜，半个多世纪以来，为此而“急”者寥若晨星，时至今日，国际学术界对粟特人名的研究，已经取得长足进步，相形之下，未免令人感慨。当然，涉足这个领域犹如探险，必须经历辑名、辨字、审音、释义、证史的程序，其中任何环节都容易出错，而且一错就是“硬伤”。我本来是望而生畏的，但考虑到胡名是胡俗中一个不可分割的部分：胡俗制约胡名，胡名体现胡俗，对我来说已经无可回避了。于是便抱定一个信念：在求经路上跌跤，比稳坐蒲团更有意思。“明知山有虎，偏向虎山行。”为了窥探胡名研究的门径，我在中年之后竟去冒一场本来是青年时代才敢去冒的风险。既战战兢兢，又跃跃欲试，结果还是“试”了。坐在冷板凳上，以身试学，犹如以身试药一样，别有一番滋味在心头！苦茶既已喝开，就只好喝下去了。

唐代的史书和墓志，虽记录不少胡名，但最大量的胡名材料，还是储存在敦煌、吐鲁番文书里面。可供比勘的，则有中亚出土的粟特文书，尤其是穆格山发现的那批法律文书和经济文书。因此，在这方面也同样有中外材料互证、文书与文献互证的问题。

从胡名音义的探讨中，我初步找出唐代胡名结构的一些规律：第一，胡名的常用词尾。缀上“延”和“芬”字的人名，在吐鲁番文书和穆格山文书中屡见不鲜。这两个音节，分别含有“礼物”“幸运”之意，故为胡人所乐取。第二，胡名的宗教色彩。除“萨宝”来自祆教外，“伏帝”是“佛”的粟特语借词，这与九姓胡地区祆佛并行的宗教环境，如合符节。第三，胡名的突厥成分。隋唐之际，九姓胡曾附属西突厥，与之通婚也习以为常，因此，便留下一批突厥化的胡名，如取自官号的“安达汉”“康逸斤”等。

以上云云，无非是一番“问津者”言，微获小识，如此而已。至于学术的“桃花源”，我自知相去尚远，由于天时、地利、人和的制约，恐怕无缘达到了。陈寅恪先生首倡“急待研讨”的胡名，依然“急待研讨”。如何实现大师之嘱，是所望于后贤了。

关于唐代蕃、汉、胡的关系，我也曾探究过其中一段文化因缘，这就是突厥年代学中的十二生肖。

自 19 世纪末以来，由于古突厥铭文解读成功的推动，国际突厥学界对十二生肖纪年法的起源和传播，作过相当广泛的探讨。致力于此的学者，在论著中从东亚、中亚追溯到西亚，将农耕民族与游牧民族的纪年法进行比较研究，扩大了古代文化史的认识范围。时至今日，各国学者已经从历史学、考古学、民族学和语言学方面提供了大量资料，使我们有可能去推断古突厥人居住的漠北地区，究竟是不是十二生肖纪年序列的发源地。问题的焦点在于寻求内证。我从突厥游牧社会的文化传统和生态环境中，找到十二生肖不可能从穹庐毡帐中脱颖而出的四点理由。第一，数字观念：古突厥人把“十”看作化生万物的神秘数字，而以“十二”为计算单位的观念，在突厥史中无根可寻。第二，图腾崇拜：突厥汗系以“狼”为氏族标志。这个狼图腾并没有像汉族的“龙”那样被凝固在十二生肖之中。第三，动物构成：在古突厥的动物世界，有四分之一生肖（虎、龙、猴）是闻所未闻的。第四，生肖传说：突厥后裔的民俗，将生肖历归结为某个君长的独自发明，或群兽渡河竞争的结果，看不出任何从雏形到定型的轨迹。很明显，十二年一周的生肖历，不会是以青草为记的物候历突然转化的结果。它很可能是由绢马贸易的中介九姓胡从河西导入北蕃的，时间大概在6世纪下半期。此事另有专文论证，我在这里想到的是，如果此说不谬，那么十二生肖在突厥汗国的传播，就成为中世纪一段蕃、汉、胡文化交流的佳话了。

至于文化交流中的西域物种，我特别感兴趣的是狮子和猧子的历史命运。为此而撰写了两篇文章：《狮在华夏》和《哈巴狗源流》。从宏观的文化研究来看，一狮一狗，微不足道，为什么要小题大作呢?

在西域文化与华夏文化的交叉点上，狮子的历史命运带有两极化的特点：一方面，作为西域的贡品，狮子只有观赏性而无实用性，因而不能得到像汗血马那样的养殖和调习，甚至自唐代至明代多次出现“却贡”的事例，被官方拒之境外。另一方面，狮子作为瑞兽形象，长期与中国“灵物”共居显位，遍布通都大邑和穷乡僻壤，并向文化生活各个领域扩散，成为民间喜闻乐见的吉祥的象征。可以这样说，狮在中国的历史上，对于研究文化传播过程中物质和精神两种体系的转换，以及外来文化与本土文化的融合，都有非常典型的意义。因此，我明确地主张对狮在华夏的历史应作两面观：从贡品史看，狮子作为“西域异兽”没有任何实用价值，难免遭受一连串的冷遇：却贡、遣返或老死于虫蚁房中，终于销声匿迹，对中国历史进程毫无影响。另一方面，从民俗史看，经过华夏文化的陶冶，狮子形象大放异彩，变成“四灵”（龙凤麟龟）的同伴，取得在形和神两个方面的中国气派。因而，既受民间喜爱，也可登大雅之堂。事实表明，历代中国人所赞赏的，并非狮的实体，而是狮的精神。近代中国的勃兴被喻为“睡狮”的觉醒，岂无故哉！

唐代从西域引进的新物种，还有所谓“康国猧子”者，即后世的哈巴狗。它从王朝贡品到民间宠物的演变，历经唐、宋、元、明、清，是通过本土化和商品化的途径实现的。我从史籍诗文和笔记中，爬梳出历代哈巴狗二十一个异名，说明自李唐以来世人甚爱猧子的秘密，就在一个“趣”字：此犬虽无补于国计民生，却具有常犬所无的观赏价值，为中国人的精神生活增添了新的乐趣。可见，文化交流中的选择性，并不是事事着眼于功利的。

我把狮子和猧子作为中西文化交流的镜子来研究，并没有“可怜无补费精神”之憾，甚至还尝到一点微观的甜头。事实上，“窄而深”是另一种方式的智力操练，与治鸡毛蒜皮之学毫不相干。俄国著名的戏剧家斯坦尼斯拉夫斯基说过：“没有小角色，只有小演员。”我非常赞赏这句话，并且认为艺术上如此，学术上也是如此。

多年来，我对宗教史一直怀有浓厚的兴趣。除对岭南佛门和僧尼史事略有考述外，在从事唐代蕃胡研究的时候，往往情不自禁地会去敲一敲宗教之门。

在6至8世纪突厥汗国的地图上，按宗教信仰的性质，可以大体上分成三个区域。第一区是萨满教区，包括南西伯利亚、蒙古，直至伊丽川东北岸。第二区是火祆教区，起碎叶川，止乌浒河流域，尤以中亚河间地区的昭武九姓祆祠最多。第三区是佛教区，包括乌浒河东南至印度河西北各地。当我们依次逐区进行考察的时候，就会对突厥的宗教地理产生一个鸟瞰式的印象：一部突厥人从东到西的征服史，同时也是一部突厥神由盛而衰的变迁史。在古突厥人的原始信仰中，火神崇拜曾居崇高地位并带有全民性质，突厥学家甚至从“突厥”一名的语义构成中挖出“火”的因素（“突”字源于火神“托司”）。尽管突厥人的“火”种来自漠北，一旦进入九姓胡的火祆教流行区，古老的草原之“火”就变得暗淡无光了。于是，便出现一种以“刻毡为形，盛于皮袋”为特征的突厥祆神。由此看来，对唐代文献中“突厥事祆神”的记载，不可顺手拈来而作皮相的理解。其实，这既是突厥人胡化的结果，又是祆神突厥化的表现。我离“读书得间”的境界还很远，但不敢学“一目十行”之类的才子派头，也不愿人云亦云，则是大学时代诸位严师所赐。

回首往事，我到中外交流史这片园地学步和探索，留下的无非是风风雨雨中一连串摸爬滚打的印记，与开拓、突破或除旧更新之类的豪情壮志无缘。如果可以借用词调来形容，那就应该说自己没本事高唱“水龙吟”，只不过哼过几声并不嘹亮的“南歌子”而已。

三十多年前，由于偶然的机缘，我带着几分腼腆介入一个陌生的研究领域：中俄关系史。俄国是“北地陆路通商之国”，我僻处南海之滨，竟想领略北国风光，可谓不自量之至。幸亏当年有馆际互借的制度，加上中山大学图书馆刘少雄先生的敬业精神，使我得以通过邮递，一本接一本地借阅北京图书馆的俄文藏书，其中不少是难得的珍本，如饮甘露，大快朵颐。鼓励我知难而进的，还有前辈同事谭彼岸先生，他移居旧金山后，曾多次寄赠美国学者研究俄国史的论著，提供了“他山之石，可以攻玉”的门径。刘、谭两位在起步阶段如此“扶贫济困”，惠我多矣，岂敢淡忘。

在清代中俄关系上，北京俄罗斯馆的地位是非常特殊的。建交伊始，清政府便用“理藩”眼光看待俄国，给它“特设邸舍，以优异之”的待遇。何秋涛所说的“设俄罗斯馆以待朝贡互市之人，立俄罗斯学以训慕义观光之士”，也无非是正统主义的理解和一厢情愿的认识，并未觉察到俄罗斯馆问题的复杂性。只有马克思的锐敏眼光，才注意到西方海运国家连跟两广总督直接联系的特权都得不到的时候，“俄国人却享有在北京派驻使节的优先权。固然，据说这种优先权是由俄国人付出屈尊容忍的代价换来的：它只有算做中华帝国的一个朝贡藩属才得侧身于天朝的朝廷。但这毕竟使俄国外交在中国，也像在欧洲一样，有可能产生一种绝不限于外交事务的影响”。(《俄国的对华贸易》)“藩属”是虚，“优先权”是实。俄罗斯馆的表里、形神，大体上就是这么一回事。

当然，要揭开俄罗斯馆的内幕，并非轻而易举。作为客馆、学馆和喇嘛馆，俄罗斯馆尽管没有“使馆”之称，性质上却是多功能的。19 世纪 60 年代以前的中俄关系，无论商务、外交还是文化，几乎事事通俄罗斯馆，构成一种蛛网式的关联。处于中心位置的俄国驻北京布道团，是俄罗斯馆的实体。按其内部逻辑而言，可以说团史即馆史。因此，分析那批定期换班的喇嘛、学生的事功和著述，便成了俄罗斯馆研究的主要内容。

学问的取向，尽管受到传统的制约，但往往因人、因时、因地而异。燕京岁时的一首儿歌说得好：“新年来到，糖瓜祭灶。姑娘要花，小子要炮。老头子要戴新呢帽，老婆子要吃大花糕。”各有所欢，各有所好。生活上如此，学术上也是如此。我所涉足的学术领域，不今不古，非洋非土，其客观的规定性就是要立足中国，放眼世界，考察不同时期双边互动的历史情景，尤其是两种异质文化从接触到交融的情景。

按个人治学的习性，惯于进窄门，走小路，找陌生人交朋友。因此，凡所考述，只有拾遗补缺之微意，完全不存在成大器的奢望。古语云：“不贤识小。”对我来说，要紧的是识小，至于贤不贤何妨待人评说。“我只想造希腊小庙。选山地作基础，用坚硬石头堆砌它。精致，结实，匀称，形体虽小而不纤巧，是我理想的建筑。”沈从文先生这段夫子自道，正合我心，但愿读者知之，谅之，教之。

学问是一个望不到边际的认识领域，有起点而无终点。即使是大师巨子，也不敢宣称自己什么时候到顶了。人们耳熟能详的“学海无涯”“学无止境”一类话，作为古代学者的悟道之言，在信息时代依然保持着它的棒喝作用。予生也晚，但与学问结缘却也颇久了。可惜悟性不高，一直未能深入学境的腹地，至今仍然是一个碌碌的“边民”，无任何“前沿”意识可言。像南宋诗人陆放翁那样的敏感，“树罅忽明知月上，竹梢微动觉风生”，我是自愧不如的。倒是清代画家郑板桥的对子，“多读古书开眼界，少管闲事养精神”，反而正中下怀。因此，长期安于在“自留地”上笔耕，不计较丰收还是歉收。辑入本书里的小议和随谈，只是个人在学海中的点滴感悟，离真知灼见还很远，很远。

学术境界，说到底是一个精神境界的问题。“丹青难写是精神”，艺术如此，学术也是如此。所谓学术的精神，尤其容易似是而非，难怪清代学者章学诚要花大力气去“辨似”了。他说：

> 学术文章，有神妙之境焉。末学肤受泥迹以求之。其真知者，以谓中有神妙，可以意会而不可以言传者也；不学无识者，窒于心而无所入，穷于辨而无所出，亦曰可意会而不可言传也。故君子恶夫似之而非者也。

确实如此，“颦”之为态，西施有之，东施也有之，惟识者才免于混为一谈。所谓“可意会而不可言传”，模糊性中有确定性，其实就是一种“心法”。后学不等于“末学”，重温师门教泽，牢记前辈诤言，借以自我鞭策，才能避免自我陶醉。

早在半个多世纪之前，陈寅恪先生就在《吾国学术之现状及清华之职责》一文中，语重心长地写道：“今世治学以世界为范围，重在知彼，绝非闭户造车之比。”治学之路通向世界，是精神生产克服“小农意识”的必然趋势。安于一隅，不屑知彼或懒于知彼，往往会沦为“乡曲之学”，纵然没有自我陶醉，实则已经掉队了。我在唐代蕃胡研究中，尽管对国际突厥学和粟特学的成果不敢玩忽，但毕竟语言工具贫乏，能弄到手的书刊也寥寥无几，往往徒叹奈何。1996年秋季，应邀访问瑞典隆德大学和英国牛津大学，得以利用两校丰富的馆藏，补读了一些过去未读的书，在“知彼”方面略有寸进。但从总体上说，我对有关学术领域的了解，依然挂一漏万。明知不可“闭户造车”，却仍处于“贫血状态”，这是无可辩解的。季羡林先生为拙著《唐代九姓胡与突厥文化》（中华书局1998年版）作序，使我又一次感受到来自前辈的督责：“居今日而谈学问，必须中西兼通，古今融会，始能有所创获，有所前进。坐井观天，固步自封，是绝对不行的。任何学问，现在几乎都是世界性的。必须随时掌握最新动态，才真正能跟得上时代的步伐。稍一疏忽，即将落伍。”金玉之言，落地有声。时代的步伐已迈入21世纪，我虽然是一个诞生于20世纪30年代的人，仍然是希望“有所前进”的。

科学教养的诗篇，并不是什么轻音乐。就算才华横溢的名士，也不能不承认勤学苦练的必要性。“扬州八怪”的大怪郑板桥说过几句似怪不怪的话：“不奋苦而求速效，只落得少日浮夸，老来窘隘而已。”我的“少日”早已过去，现在要考虑的是如何避免“老来”颓唐的问题。用不着张望什么，按“奋苦”行事就是了。

2012年12月31日于中山大学

蔡鸿生教授学术论著目录

一　著作

1.《罗马晚期奴隶起义》，商务印书馆，1981 年。

2.《俄罗斯馆纪事》，广东人民出版社，1994 年。（2006 年，中华书局再版）

3.《尼姑谭》，中山大学出版社，1996 年。（2020 年，中西书局再版）

4.《清初岭南佛门事略》，广东高等教育出版社，1997 年。（喀什维吾尔文出版社，2008 年维吾尔文译本）

5.《唐代九姓胡与突厥文化》，中华书局，1998 年。

6.《学境》，香港博士苑出版公司，2001 年。（2007 年，中山大学出版社再版；2022 年，生活·读书·新知三联书店新版）

7.《仰望陈寅恪》，中华书局，2004 年。

8.《中外交流史事考述》，大象出版社，2007 年。

9.《读史求识录》，广东人民出版社，2010 年。

10.《蔡鸿生史学文编》，广东人民出版社，2014年。

11.《蔡鸿生自选集》，中山大学出版社，2015年。

12.《广州海事录——从市舶时代到洋舶时代》，商务印书馆，2018年。

二　主编书刊

1.《历史大观园》，1985年7月第1期至1994年12月第114期。

2.《广州与海洋文明》，中山大学出版社，1997年。

3.《澳门史与中西交通研究：戴裔煊教授九十诞辰纪念文集》，广东高等教育出版社，1998年。

4.《戴裔煊文集》，中山大学出版社，2004年。

5.《广州匠图志》，广东人民出版社，2019年。

三　论文和札记

1.《十九世纪后期东南亚的“猪仔”华工》，《中山大学学报（社会科学版）》1959年第4期；收入中山大学东南亚研究所编《东南亚历史论丛》第2集，1979年。

2.《斯坎德培与十五世纪阿尔巴尼亚人民反土耳其的斗争》，《历史教学》1962年第6期。

3.《四至五世纪北非的阿哥尼斯特运动》，《历史教学》1963 年第 1 期。

4.《突厥汗国的军事组织和军事技术》,《学术研究》1963 年第 5 期；收入林幹主编《突厥与回纥历史论文选集》，中华书局，1987 年。

5.《西罗马帝国的巴高达运动》,《历史教学》1963 年第 8 期。

6.《唯心主义的历史虚构——驳周谷城对世界历史统一性的歪曲》,《中山大学学报（社会科学版）》1965 年第 1、2 期。

7.《七至九世纪拜占廷的保罗派运动》,《历史教学》1965 年第 4 期。

8.《突厥法初探》，载《历史研究》1965 年第 5 期；收入林幹主编《突厥与回纥历史论文选集》，中华书局，1987 年。

9.《从耶稣会到新沙皇——一条尊孔侵华的黑线》,《中山大学学报（社会科学版）》1974 年第 1 期。

10.《老沙皇尊孔侵华的吹鼓手——评瓦西里耶夫学派的政治倾向》,《中山大学学报（社会科学版）》1974 年第 4 期。

11.《沙俄的侵华工具——俄国东正教布道团》,《历史研究》1975 年第 3 期。

12.《太平天国时期俄国驻北京布道团的侵华活动》,《中山大学学报（社会科学版）》1976 年第 4 期。

13.《邵友濂使俄文稿中的“王西里”和“孔琪庭”》，《文物》1977年第8期。

14.《沙俄国家教会形成的历史过程》，《中山大学学报（社会科学版）》1978年第6期。

15.《〈朔方备乘〉俄罗斯馆纪事补正》，《文史》第7辑，中华书局，1979年。

16.《评俄国“汉学”》，收入《中俄关系史论文集》，甘肃人民出版社，1979年。

17.《“拂云祠”辨》，《文史》第11辑，中华书局，1981年。

18.《俄罗斯馆“秦缓”考》，《中俄关系问题》1982年第4期。

19.《“商队茶”考释》，《历史研究》1982年第6期。

20.《十九世纪后期清朝使臣与俄国“汉学”家的接触》，《学术研究》1983年第3期。

21.《论突厥事火》，《中亚学刊》第一辑，中华书局，1983年。

22.《求学随想》，《汕头日报》1984年1月20日第4版。

23.《唐宋都市的流氓》，《历史大观园》1986年第5期。

24.《清代广州的毛皮贸易》，《学术研究》1986年第4期。

25.《清代北京的俄罗斯馆》,《百科知识》1986 年第 6 期。

26.《〈隋书〉康国传探微》,《文史》第 26 辑,1986 年。

27.《俄美公司与广州口岸——“俄罗斯夷船来广贸易”考略》,《中外关系史论丛》第 2 辑,世界知识出版社,1987 年。

28.《〈三字经〉在俄国》,《百科知识》1987 年第 1 期。

29.《唐代九姓胡贡品分析》,《文史》第 31 辑,中华书局,1988 年。

30.《陈寅恪与中国突厥学》,《纪念陈寅恪教授国际学术讨论会文集》,中山大学出版社,1989 年。

31.《俄罗斯馆与〈资本论〉中的王茂荫》,《历史研究》1989 年第 3 期。

32.《尼姑与唐王室》,《历史大观园》1989 年第 12 期。

33.《广州口岸史的研究应当加强》,《学术研究》1990 年第 6 期。

34.《璞科第与白云观高道士》,《近代史研究》1991 年第 1 期。

35.《俄罗斯馆医生与清朝宗室的晋接》,《中外关系史论丛》第 3 辑,世界知识出版社,1991 年。

36.《论清代瑞典纪事及广州瑞行商务》,《中山大学学报(社会科学版)》1991 年第 2 期;英译本见 *The*

Golden Age of China Trade, Viking, Hong Kong, 1992。

37.《清代苏州的潮州商人——苏州清碑〈潮州会馆记〉释证及推论》,《韩山师专学报(社会科学版)》1991年第1期。

38.《唐宋时代的广州与阿曼》,《历史大观园》1991年第11期。

39.《唐代九姓胡礼俗丛考》,《文史》第35辑，中华书局，1992年。

40.《俄罗斯馆沿革考》,《中山大学史学集刊》第1辑，广东人民出版社，1992年。

41.《园丁说园》,《历史大观园》1993年第10期。

42.《狮在华夏——一个跨文化现象的历史考察》，王宾、阿让·热·比松主编《狮在华夏—文化双向认识的策略问题》，中山大学出版社，1993年。

43.《岭南文化与海》,《岭峤春秋——岭南文化论集》第1集，广东人民出版社，1994年。

44.《岭南三尼与清初政局》,《中山大学学报(社会科学版)》1994年第1期。

45.《历史研究的学术精神与学术规范》(胡守为、姜伯勤、蔡鸿生),《中山大学学报(社会科学版)》1994年第1期。

46.《关于"海滨邹鲁"的反思》,《潮学研究》第1辑，汕头大学出版社，1993年。

47.《突厥奉佛史事辨析》,《中山大学史学集刊》第2辑，广东人民出版社，1994年。

48.《“颂红妆”颂》，胡守为主编《〈柳如是别传〉与国学研究》，浙江人民出版社，1995年。

49.《〈波斯拜火教与古代中国〉序》，林悟殊撰《波斯拜火教与古代中国》，新文丰出版公司，1995年。

50.《霓裳和泪换袈裟》,《东方文化》1995年第4期。

51.《清初岭南僧临终偈分析》，香港大学亚洲研究中心主办国际学术讨论会《岭南文化新探究论文集》，1996年：又见王元化主编《学术集林》卷4，上海远东出版社，1995年。

52.《哈巴狗源流》,《东方文化》1996年第1期。

53.《佛门织女的创造》,《东方文化》1996年第6期。

54.《清代广州行商的西洋观——潘有度〈西洋杂咏〉评说》，香港中文大学主办“明末以来中西文化交汇研讨会”论文，1996年5月3—4日；载《广东社会科学》2003年第1期。

55.《清代广州的荷兰馆》,《广州与海洋文明》，中山大学出版社，1997年。

56.《论屈大均的逃禅归儒和辟佛》,《岭峤春秋——岭南文化论集》第4集（上），广东人民出版社，1997年。

57.《中国独角兽的神话功能》,《华人月刊》（曼谷）第23期，1998年3—6月。

58.《唐代汗血马叱拨考》,《东方文化》1998年第2期。

59.《王文诰荷兰国贡使纪事诗释证》,《澳门史与中西交通研究：戴裔煊教授九十诞辰纪念文集》，广东高等教育出版社，1998年。

60.《突厥方物志》,《文史》第46辑，中华书局，1998年。

61.《我和唐代蕃胡研究》，张世林编《学林春秋》三编上册，朝华出版社，1999年。

62.《康乐园里忆“二老”》，张世林编《学林往事》上册，朝华出版社，2000年。

63.《从小说发现历史——〈读莺莺传〉的眼界和思路》,《中华文史论丛》第62辑，上海古籍出版社，2000年；胡守为主编《纪念陈寅恪先生诞辰110周年学术论文集——陈寅恪与二十世纪中国学术》，浙江人民出版社，2000年。

64.《陈寅恪史学的魅力》,《学术研究》2000年第12期。

65.《宋代名产“纸被”考实》,《广东省历史学会成立五十周年纪念文集》，广东人民出版社，2001年。

66.《从“头”学起——重温陈寅恪〈唐代政治史述论稿〉》,《文史知识》2002年第1期。

67.《南海交通史研究若干问题浅探》,《海交史研究》

2002年第1期。

68.《唐代"黄坑"辨》，余太山主编《欧亚学刊》第3辑，中华书局，2002年。

69.《唐宋佛书中的昆仑奴》，中国中外关系史学会编《中西初识二编》，大象出版社，2002年。

70.《宋代名产"纸被"》，《文史知识》2002年第10期。

71.《辉煌的笔耕》，《读书》2002年第11期。

72.《文献解读与文化研究》，《广东社会科学》2004年第5期。

73.《全祖望〈二西诗〉的历史眼界》，《东方论坛：青岛大学学报》2004年第6期。

74.《唐宋时代摩尼教在滨海地域的变异》，《中山大学学报（社会科学版）》2004年第6期。

75.《金明馆教泽的遗响》，《广东社会科学》2005年第3期。

76.《岑仲勉中外史地考证的学术风格》，《暨南学报（哲学社会科学版）》2005年第4期。

77.《唐代社会的穆姓胡客》，《中国史研究》2005年增刊。

78.《广州与西方世界》（2010年10月31日，广州讲坛演讲实录，广州图书馆学术报告厅），王晓玲主编《广州讲坛演讲录》第4辑，商务印书馆，2012年。

79.《朱公风范长存》，马明达主编《暨南史学》第7辑，广西师范大学出版社，2012年。

80.《“舶牙”说》,《海陆交通与世界文明》，商务印书馆，2013年。

81.《海舶生活史浅议》,《海洋史研究》第5辑，中国社科文献出版社，2013年。

82.《市舶时代广府的新事物》,《河南大学学报（社会科学版）》2014年第3期。

83.《〈读莺莺传〉解读》,《中西学术名篇精读：陈寅恪卷》,中西书局，2014年。

84.《岭南昆仑奴遗事》,《学术研究》2014年第4期。

85.《广州外销画图考刍议》,《异趣同辉：广东省博物馆清代外销艺术精品集》，岭南美术出版社，2013年。

86.《陈寅恪：志在求真的一代宗师》,《中华读书报》2019年10月23日第009版《书评周刊》。

87.《脱俗求真，继往开来——蔡鸿生教授学术访谈》,《中山大学学报（社会科学版）》2020年第3期。

88.《唐代诗文证史札记——纪念陈寅恪先生诞生130周年》,《中山大学学报（社会科学版）》2020年第4期。

89.《〈巴黎茶花女遗事〉的中华效应》,《中山大学学报（社会科学版）》2021年第6期。

90.《耿昇赞——学者风度与工匠精神的统一》,《耿昇纪念集》（待刊）。

四　译文

1.《东南亚——古代文化的中心》，《东南亚问题》1975年第4期。

2.《历史科学的“中世纪”》，《中国中世纪研究会通讯》第1期。

五　序跋及其他

1.《学海一灯》（《文史》卅辑贺词），载《书品》1988年第3期。

2.《古代摩尼教艺术》中译本序，见［联邦德国］克林凯特著，林悟殊译《古代摩尼教艺术》，中山大学出版社，1989年。

3.《读〈书品〉，学品书，一乐也》，载《书品》1991年第1期。

4.《徐松石民族学研究著作五种》序，见徐松石著《徐松石民族学研究著作五种》，广东人民出版社，1993年。

5.《波斯拜火教与古代中国》序，见林悟殊著《波斯拜火教与古代中国》，新文丰出版公司，1995年。

6.《华人发现美洲概论》序，见徐松石著《华人发现美洲概论》，广东人民出版社，1996 年。

7.《泰国大峰祖师崇拜与华侨报德善堂研究》序，见林悟殊著《泰国大峰祖师崇拜与华侨报德善堂研究》，淑馨出版社，1996 年。

8.《汤明檖文集》序，见汤明檖著《汤明檖文集》，广东人民出版社，1997 年。

9.《早期澳门史》中译本序，见［瑞典］龙思泰著，吴义雄、郭德焱等译《早期澳门史》，东方出版社，1997 年。

10.《广州与海洋文明》序，见蔡鸿生主编《广州与海洋文明》，中山大学出版社，1997 年。

11.《一篇现代的〈金石录后序〉》，载《书品》1998 年第 1 期。

12.《广东十三行考》新版序，见梁嘉彬著《广东十三行考》新版，广东人民出版社，1999 年。

13.《唐代景教再研究》序，见林悟殊著《唐代景教再研究》，中国社会科学出版社，2003 年。

14.《晚明中西性伦理的相遇：以利马窦〈天主实义〉和庞迪我〈七克〉为中心》序，见林中泽著《晚明中西性伦理的相遇：以利马窦〈天主实义〉和庞迪我〈七克〉为中心》，广东教育出版社，2003 年。

15.《戴裔煊文集》序，见蔡鸿生编《戴裔煊文集》，中山大学出版社，2004 年。

16.《中国祆教艺术史研究》序，见姜伯勤著《中国祆教艺术史研究》，生活·读书·新知三联书店，2004 年。

17.《南粤名镇的文化风貌》，南方都市报珠三角新闻专刊部主编《名镇天下：33 个广东历史文化镇村》序一，广东人民出版社，2005 年。

18.《中外交流历史文丛》总序，见蔡鸿生主编《中外交流历史文丛》，中华书局，2006 年。

19.《南海之滨的舶影文光》，《东西汇流——粤港澳文物大展》序，香港历史博物馆编制，2005 年。

20.《吴渔山集笺注》序，见吴历撰，章文钦笺注《吴渔山集笺注》，中华书局，2007 年。

21.《晋唐时期南海求法高僧群体研究》序，见何方耀著《晋唐时期南海求法高僧群体研究》，宗教文化出版社，2008 年。

22.《广东十三行与早期中西关系》序，见章文钦著《广东十三行与早期中西关系》，广东经济出版社，2009 年。

23.《朱杰勤文集》序，见纪宗安等主编《朱杰勤文集》，广西师范大学出版社，2011 年。

24.《粟特商人史》中译本序，见［法］魏义天著，王睿译《粟特商人史》中译本，广西师范大学出版社，2012 年。

25.《谢方文存》序，见谢方著《谢方文存》，中华书局，2012 年。

26.《潮汕文化概说》序，见陈泽泓著《潮汕文化概说》，广东人民出版社，2013年。

27.《美国人在广州（1784—1912）》序，见梁碧莹著《美国人在广州（1784—1912）》，广东人民出版社，2014年。

28.《清初岭南佛门史料丛刊》总序，见《清初岭南佛门史料丛刊》，广东旅游出版社，2008年。

29.《百年澄中（1915—2015）》序一，见陈景熙主编《百年澄中（1915—2015）》，暨南大学出版社，2015年。

30.《广州匠图志》序，见蔡鸿生主编《广州匠图志》，广东人民出版社，2019年。

31.《清代广州外销画海幢寺图录》序，见光秀主编《清代广州外销画海幢寺图录》，中华书局（待刊）。

32.《中古胡名考》序，见王丁著《中古胡名考》（待刊）。

33.《学思余沈》序，见叶显恩著《学思余沈》（待刊）。

后　记

学术生涯的种种感悟，剪不断，理还乱，别有一番滋味在心头。说得“玄”一点，无非是人在学境中老去，又在老境中学去。此书犹如一本老学徒的旧像册，存诚意于本色之中，用以纪念陈寅恪先生逝世五十周年、季羡林先生逝世十周年，并就正于学界的长者、同辈和新秀。学问永远在路上，花未全开月未圆。

蔡鸿生

2019 年 5 月 21 日